千古绝唱，万世不忘

读懂小古文
爱上大语文

先秦古文 下卷

琬如 —— 编著

石油工业出版社

图书在版编目（CIP）数据

千古绝唱，万世不息：先秦古文. 下卷 / 琬如编著.
—北京：石油工业出版社，2022.6
（读懂小古文，爱上大语文）
ISBN 978-7-5183-5310-1

Ⅰ.①千… Ⅱ.①琬… Ⅲ.①古典散文 – 散文集 – 中国 – 先秦时代 – 青少年读物 Ⅳ.①I262

中国版本图书馆CIP数据核字（2022）第055227号

读懂小古文 爱上大语文
千古绝唱，万世不息……先秦古文 下卷

策划编辑：王　昕　黄晓林	装帧设计：何冬宁
责任编辑：付玮婷	美术编辑：王道琴
责任校对：刘晓雪	图片提供：站酷海洛
特邀编辑：王玉敏	封面绘制：狼仔图文

出版发行：石油工业出版社
　　　　　（北京安定门外安华里2区1号　100011）
网　　址：www.petropub.com
编 辑 部：（010）64523616　64252031
图书营销中心：（010）64523731　64523633
经　　销：全国新华书店
印　　刷：河北京平诚乾印刷有限公司

2022年6月第1版　2022年6月第1次印刷
710×1000毫米　开本：1/16　印张：9
字数：120千字

定　　价：38.00元
（如出现印刷质量问题，我社图书营销中心负责调换）
版权所有，翻印必究

前言

读懂小古文 爱上大语文

古文，是根植于中国人灵魂深处的一种浪漫而优雅的语言。

2020年年初，新冠肺炎疫情暴发，各地紧急驰援武汉。一批来自日本汉语水平考试事务所的援助物资"刷屏"各大网站，物资的外包装箱上印着八个汉字——"山川异域，风月同天"。这是唐朝时日本国长屋王赠送给唐朝僧人的袈裟上绣的一句古文。人们感动于邻邦伸出援手之余，更被这句简短的古文深深触动——她仿佛饱含着我们最钟情的审美，融汇起浓浓的暖意，如此地直入心田！"岂曰无衣，与子同裳""青山一道同云雨，明月何曾是两乡"等越来越多的古文词句出现在援助物资上，凝聚起无数人的祝福与情感寄托。此时此刻，古文再一次展现了她独特而巨大的魅力。

简洁的古文何以有超越千言万语的力量？何以让海北天南的人齐齐地怦然心动？

首先是她让我们感到熟悉而亲切。作为我们民族的母语，汉语言几千年传承下来，语言的结构章法大体未变，一直以古文的形式存在。无论时代如何演变，汉语万变不离其宗。不论先秦诸子的之乎者也、两汉骚客的辞赋骈俪、唐宋大家的诗词文论、明清文人的小说杂文，都是古文主干上长出的枝杈、开出的繁花。所

以即便跨越千年，人们仍可以对"千里之行，始于足下"一望而知意，仍然会想起"窈窕淑女，君子好逑"而产生共情。古文在千百年间早已融入中国人生活和灵魂深处，当我们最需要情感倾诉的时候，古文往往会脱口而出。

其次是她传递给我们以永恒的情感。千古传诵的古文，都是那个时代最杰出的文字，都凝练了作者最浓烈的情感、最无与伦比的巧思。其间有伟人、先贤千锤百炼总结出的人生大道理，也有被历朝历代最机巧、最敏感的灵魂点破的小心思。孔孟的经典、老庄的哲思，到如今，多少人仍如此思考、如此践行；李杜的诗句、苏柳的名篇，到如今，多少人仍如此吟诵、如此遣怀。蒲松龄的《促织》让你不禁拍案称奇，而百年来多少人读到此篇也曾有过相同的感慨和动作；林觉民垂泪写下《与妻书》，而我们读来又何尝不泪湿双眼……正因为她汇聚了共同的情感，才有了穿越时空的能量。

最后，古文言简意赅，字字珠玑，所呈现的凝练之美是非常令人震撼的。古文中短短数言即可向我们展示一幅绝美的风景长卷或一个精彩的故事场景，如王勃的《滕王阁序》中"落霞与孤鹜齐飞，秋水共长天一色"，十四个字便描绘出在滕王阁上远眺赣江风光的壮丽图景，秋色、黄昏、飞鸟、长天融为一体，这样的景象，如果换作白话文来描述，只怕是要写上一篇千字散文才能尽兴。古文寥落几笔的美感与质感，恰似茗茶，初入口略感苦涩，却有绵长的回味，又如同曲径通幽，绝不能一览无余，言尽而意未尽。其中蕴藏了深远的意境，饱含了厚重的情感，浸润了幽邃的哲思，值得我们后人细细品读、玩味。

本套丛书共6卷，包括《追忆群星闪耀时：先秦古文·上卷》《千古绝唱，万世不息：先秦古文·下卷》《锦绣文章的华丽风行：两汉魏晋南北朝古文》《盛世华章，文以载道：隋唐古文》《思辨在左，文学在右：宋代古文》《阳春白雪落人间：明清古文》，选取的古文名篇皆具代表性，经典传颂才能证明有最大的共情点与认同度。全套丛书约300篇古文，涵盖中小学教材中出现的大部分古文篇章，并进行了篇目和篇幅的拓展。同时，结合时代、作者、背景等多角度的辅助解读，最大限度还原文章写作的时代感和作者的写作情境，让今天的我们更加身临其境，浸入式地品赏作品。

  更重要的是，我们在构思这套丛书时坚持一个主旨，那就是将文史相融，以朝代为经线，文体和题材为纬线，尽可能全面地囊括古文文采精华的"各大门派"，展现古文灿烂成就之大观。希望这套丛书能成为你开启古文阅读兴趣的钥匙，成为你涵养情操、增广见闻的向导，成为你通达世情、共情古今的纽带，更能成为你提高古文阅读和语文功底的牢固基石。

  让我们一起穿过千年的岁月，去感受古文所构筑的那个宏大而又奇趣无穷的世界吧！

目录

先秦史传文学的萌芽………… 1

·《周易》：群经之首·

君子终日乾乾………………… 3
见善则迁，有过则改………… 4
穷则变，变则通，通则久…… 5
天行健，君子以自强不息…… 6
地势坤，君子以厚德载物…… 7

·管仲：著名的改革家·

牧民（节选）………………… 8
形势解（节选）……………… 12

·《晏子春秋》：中国最早的"短篇小说集"·

晏子使楚…………………… 14

·《尚书》：中国最早的一部历史文献汇编·

仲虺之诰（节选）………… 18
尧典（节选）……………… 20

·《山海经》：远古先民的奇思妙想·

精卫填海…………………… 22
夸父逐日…………………… 24

·孙武：东方兵学鼻祖·

谋攻篇（节选）…………… 25

·左丘明：文宗史圣·

失信不立…………………… 30
曹刿论战…………………… 32
郑伯克段于鄢……………… 35
周郑交质…………………… 41
晋灵公不君（节选）……… 44
晏子对齐侯问（节选）…… 46
烛之武退秦师……………… 48

·屈原：伟大爱国诗人的悲剧·

离骚（节选）……………… 56

渔父 ………………………… 62

·宋玉：楚辞与汉赋的承上启下者·

对楚王问 …………………… 65

·吕不韦：谋略口才第一流·

伯牙鼓琴 …………………… 70

穿井得一人 ………………… 72

·李斯：善于审时度势的权谋家·

谏逐客书 …………………… 74

·《战国策》：记录战国风云·

邹忌讽齐王纳谏 …………… 80

唐雎不辱使命 ……………… 84

乐毅报燕王书 ……………… 88

荆轲刺秦王 ………………… 96

苏秦以连横说秦 …………… 104

靖郭君城薛 ………………… 112

触龙说赵太后 ……………… 114

·《礼记》：儒家礼学思想汇编集·

曾子易箦 …………………… 119

儒有不宝金玉 ……………… 121

故事二则 …………………… 122

晋献文子成室 ……………… 124

大学之道（节选）………… 126

《礼记·学记》（节选）…… 129

大道之行也 ………………… 132

中者也，天下之大本也…… 134

★语文教材古文篇目索引…… 136

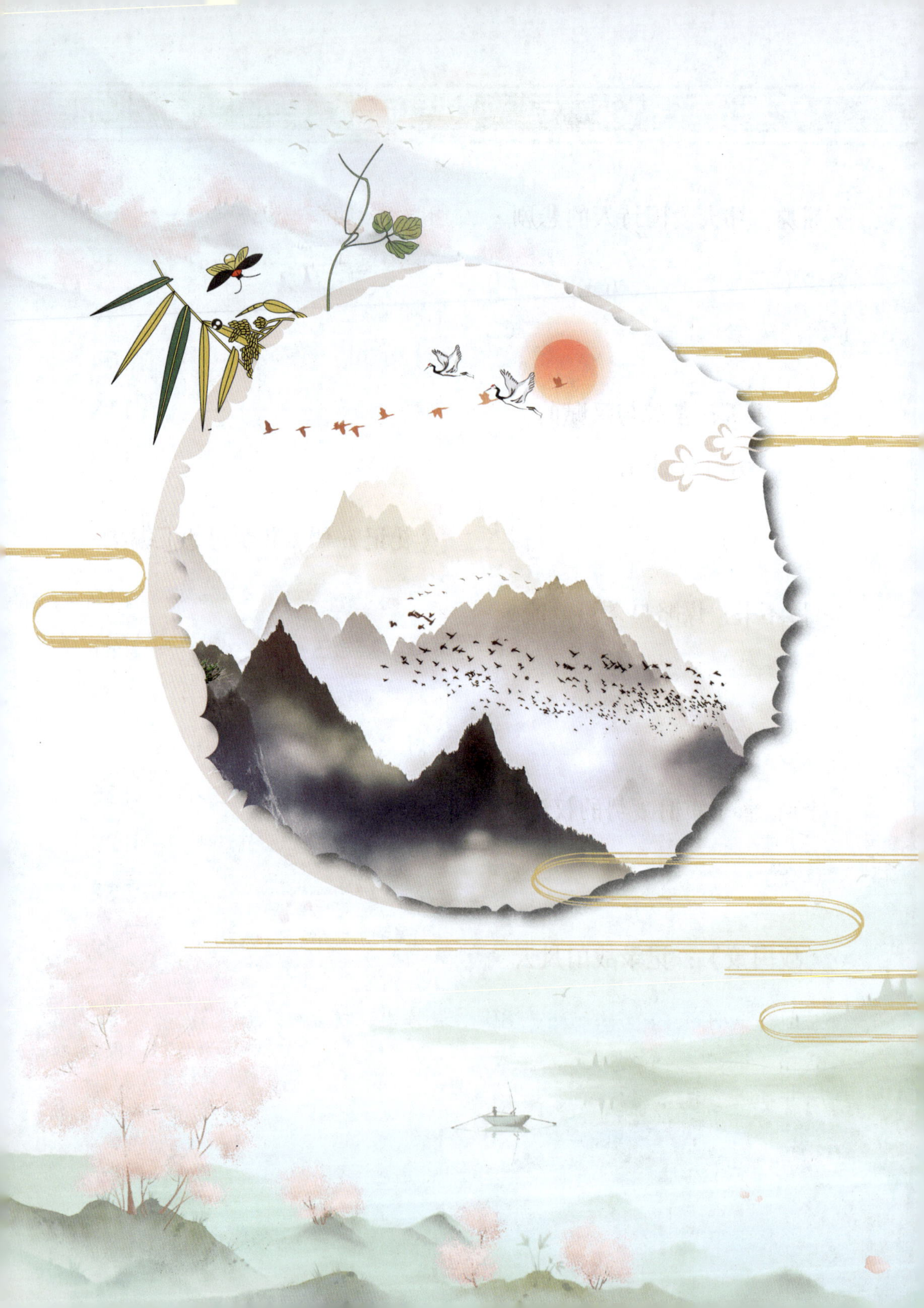

先秦史传文学的萌芽

在中国历史上，先秦时期一般是指公元前221年秦朝建立之前的这一段时期，包括了远古文化时期，以及夏、商、西周、春秋、战国等历史阶段。在这一历史时期，学术思想自由，文化繁荣，文学的主要表现形式是诸子散文和史传文学，其中史传文学特色最为鲜明。

何为史传文学

史传文学，顾名思义，就是历史科学与文学艺术的结合体。史传文学是中国历史文学的一部分，中国历史文学的一般特征也在史传文学有具体的体现。以文学的视角来说，史传文学的主要题材是历史事件，描写的着重点则为对历史人物形象的描写。而从史学的视角来说，史传文学一般借助于文学艺术的手段去描绘历史事件与历史人物，并且包含着一定的历史观。

史传文学的年代传承

纵观中国文学的发展历史，中国史传文学总体上体现出如下的发展历程，即先秦萌芽期、两汉辉煌期、唐宋史传嬗变和杂传繁荣期、明清的传记趣味转向和现代传记内容形式的革新。而在这本书中，我们重点介绍的是史传文学发展的第一阶段——先秦萌芽期。

史传文学的阶段特点

具体来看，先秦时期的史传文学又可细分为两个阶段。

第一阶段，传说时代。这一阶段的史传文学体现为历史文学的最初形态。这个时候，文字尚未出现，许多历史人物、历史故事诸如炎黄大战蚩尤，鲧、禹治水等，都是通过口口相传的形式流传下来的。而当文字产生以后，这些神话传说便被记录下来，其中的一部分成了史籍材料。

第二阶段，典籍编写。我国自古以来就非常重视典籍的编写工作，流传下来许多不朽之作，如《左传》《尚书》《国语》《战国策》等。这些著作在被编写的时候，一定程度上受到了传说时代口口相传的历史文学形式的影响，作品具有丰富的想象力，并且情节与细节形象生动，人物言行举止富有个性，具有引人入胜的艺术效果。

代表典籍简介

中国先秦时期的史传文学作品种类繁多，灿若星河，在中国文学史的浩渺星空中熠熠生辉。这些作品共同展现了先秦时期中华民族发展的时代风貌，现择取其中几部代表性的典籍加以介绍。

《春秋》《左传》，这两部作品都体现了史传文学的早期发展特点，即都是编年体，利于查找事件发生的时间以及各事件之间的关系。《春秋》相传由孔子修订而成，记事语言极为简练，但每一字都蕴含褒贬之意。而《左传》相传为鲁国史官左丘明编纂，是为了解释《春秋》而作，叙事比《春秋》更为生动丰富，增添了许多历史资料。

《国语》是一部国别体史书，以记言为主，记载了春秋各国贵族关于治国的言论。《国语》的记事详细生动，前因后果交代得比较完整，每篇都可视为一个独立的史料故事。

《战国策》是一部战国时代各国史料的汇编集，内容以战国时期纵横家游说各国、出谋划策的言论为主，涉及各国政治、军事、外交等方面的重大事件。该书语言犀利，文笔恣肆，说理周密透彻，具有较高的文学价值，其中很多篇目都是优秀的散文代表。

《周易》：群经之首

《周易》作为我国古代传统典籍之一，内容主要分为两个部分——《经》和《传》。《经》包括六十四卦和三百八十四爻，其中卦和爻又各有说明，称作卦辞、爻辞，作为占卜之用。《传》包括解释卦辞和爻辞的七种文辞共十篇，统称《十翼》。至于《周易》的作者是谁，至今尚无定论。

君子终日乾乾

小·档案

出　处：《周易·乾卦》。

名　句：君子终日乾乾，夕惕若厉。

君子终日乾乾①，夕惕若②厉③，无咎④。

【注释】①[乾乾]指勤勉奋进。②[惕若]警惕的样子。③[厉]危险。④[咎]过失，失误。

译文

君子时常保持勤勉奋进，夜晚来临时还能自励警醒，就不会有过失。

欣赏文言之美

居安思危，这是一个时刻保持上进心的人的基本意识。如果一个人能时刻反省自己的言行举止，对潜在的危机提高警惕，那么即便危险来临，他也会因有所准备而临危不乱。

见善则迁，有过则改

小档案

出　处：《周易·益卦》。

名　句：见善则迁，有过则改。

君子以见善①则迁②，有过则改。

【注释】①［善］善行，良好的品行。②［迁］改变。

译文

君子见到美好的品行就倾心追随、努力学习，犯了错误就马上改正。

欣赏文言之美

这句话是说人要不断地向着真善美的方向努力前进，这是针对个人素质的不断提升而言的。另外，犯了错误要马上改正，这样可以使个人及时避免因素质下滑而带来的危险，这也是提升智慧的一种方式。

穷则变，变则通，通则久

小·档案

出　处：《周易·系辞下》。

名　句：《易》穷则变，变则通，通则久。

《易》穷①则变，变则通②，通则久。是以"自天佑之，吉无不利"。

【注释】①［穷］穷尽。②［通］通畅、通达。

译文

《易》学所蕴含的道理是，穷尽到一定程度就会产生变化，变化到极致就会通达，能通达那么就能恒久。遵循这一变通原理，就能得到上天的庇佑，吉祥而无所不利。

欣赏文言之美

这句话论述了这样一个道理：在时间里，事物是不以人的意志为转移而发生变化的。其中，"变"和"通"二字合起来即"变通"，这个词成了千百年来很多人的处世哲学，意思是说做人应该懂得通融且能屈能伸，不能认死理、钻牛角尖。

读懂 小古文 爱上 大语文

天行健，君子以自强不息

小·档案

出　　处：《周易·乾卦》。

名　　句：天行健，君子以自强不息。

天行健①，君子以自强不息。

【注释】①［健］强健，生命力旺盛。

译文

自然的运行刚劲强健，（相应地）君子也应力求自我进步，永不停息。

欣赏文言之美

这句话用自然的运行强健来比喻君子的自我修养，即君子应该像自然的强健运行一样，不懈追求自身进步，奋发向上，即便遇到一些阻挠，也永不屈服。

地势坤，君子以厚德载物

小·档案

出　处：《周易·坤卦》。

名　句：地势坤，君子以厚德载物。

地势①坤，君子以厚德载物。

【注释】①[势]形势。

译文

大地的形势宽厚和顺，是坤卦的象征，君子应该使自身美德增多，容载万物。

欣赏文言之美

这句话是《易经》第二卦的象辞，是要告诉人们，大地的形象是和顺宽厚的，我们要学习她的宽厚品性，以博大的胸怀接纳和包容万物。

管仲：著名的改革家

管仲（约前723—前645），名夷吾，颍上（今安徽颍上）人，春秋时期齐国著名的经济学家、哲学家、政治家、军事家。齐僖公三十三年（前698），管仲开始辅佐公子纠。齐桓公元年（前685），因为鲍叔牙的举荐，管仲被任命为国相。之后，管仲充分发挥了他的政治才能，在齐国内部改革行政管理，选贤任能，对外则实行"尊王攘夷，九合诸侯"的外交政策。他施行的种种举措使齐国国富兵强，国力逐渐强盛。齐桓公也在他的辅佐下成为春秋五霸之首。今人研究认为，《管子》可视为"管子学派"之作，主要阐述了管仲辅佐齐桓公争霸的一系列政策。

牧民（节选）

小档案

出　处：《管子·牧民》。

名　句：仓廪实则知礼节，衣食足则知荣辱。
礼不逾节，义不自进，廉不蔽恶，耻不从枉。
政之所行，在顺民心；政之所废，在逆民心。

凡有地牧民者①，务②在四时，守③在仓廪(lǐn)④。国多财则远者⑤来，地辟举⑥则民留处⑦；仓廪实则知礼节，衣食足则知荣辱；上服度⑧则六亲固，四维⑨张则君令行。故省刑之要在禁文巧⑩；守国之度在饰四维；顺民之经在明鬼神，祇⑪山川，敬宗庙，恭祖旧。不务天时则财不生，不务地利则仓廪不盈。野芜旷则民乃菅，上无量，则民乃妄；文巧不禁，则民乃淫；不障⑫两原，则刑乃繁。不明鬼神，则陋民⑬不悟；不祇山川，则威令不闻；不敬宗庙，则民乃上校⑭；不恭祖旧，则孝悌不备。四维不张，国乃灭亡。

【注释】①[牧民者]指国君。牧，治理、统治。②[务]致力。③[守]依靠。④[仓廪]原指粮仓，此作粮仓储备。⑤[远者]远方的人们，指其他诸侯及民众。⑥[辟举]开垦、开发。⑦[留处]定居。⑧[服度]遵守礼法。度，法度。⑨[四维]指礼义廉耻。⑩[文巧]泛指奢侈品。文，华丽的服饰。巧，赏玩之物。⑪[祇]祭祀。⑫[障]阻塞、杜绝。⑬[陋民]小民。⑭[上校]反抗上级、作乱。校，较量、对抗。

国有四维，一维绝①则倾，二维绝则危，三维绝则覆②，四维绝则灭。倾可正也，危可安也，覆可起也，灭不可复措③也。何谓四维？一曰礼，二曰义，三曰廉，四曰耻。礼不逾节④，义不自进⑤，廉不蔽恶，耻不从枉⑥。故不逾节则上位安，不自进则民无巧诈，不蔽恶则行自全⑦，不从枉则邪事不生。

【注释】①[绝]断。②[覆]翻倒。③[复措]重新安排，意指挽救。④[逾节]超越一定的法度。节，法度。⑤[自进]自行钻营。⑥[从枉]干坏事。⑦[全]完美。

政之所行，在顺民心；政之所废，在逆民心。民恶①忧劳，我逸乐之②；民恶贫贱，我富贵之；民恶危坠③，我存安之；民恶灭绝④，我生育之。能逸乐之，则民为之忧劳；能富贵之，则民为之贫贱；能存安之，则民为之危坠；能生育之，则民为之灭绝。故刑罚不足以畏⑤其意，杀戮不足以服其心。故刑罚繁而意不恐，则令不行矣；杀戮众⑥而心不服，则上位⑦危矣。故从其四欲⑧，则远者自亲；行其四恶，则近者叛之。故知予之为取者，政之宝也。

【注释】①[恶]厌恶、讨厌。②[逸乐之]使人民安逸快乐。③[危坠]危亡。④[灭绝]指绝后。⑤[畏]使……敬畏。⑥[众]多。⑦[上位]君主的地位。⑧[四欲]指前述"逸乐""富贵""存安""生育"。

译文

　　一个国家的君主，必须努力抓好四季农事，做好粮食储备工作。国家财力雄厚，就有远地的人主动迁来；荒地开垦得好，本国的民众就会安心居住在此处。粮仓内粮食充足，人们就懂得礼节；衣食不愁，人们就知道荣辱。君主的衣食用度符合法度，百姓的家庭中六亲就可以相安无事；礼义廉耻得到发扬，皇帝发布的政令就能够得到贯彻执行。因此，减少刑罚的关键，在于禁止奢靡；巩固国家的准则，在于整顿礼义廉耻之风；使人民顺从拥护的根本办法，在于对鬼神敬畏、对山川恭敬、对祖宗敬重、对宗亲尊重。不注重顺应天时，那么财富就无法增长；不注意把握地利，那么粮仓里的粮食就不会充足；田野荒芜空旷，那么人们也会变得懒惰懈怠；君主挥霍无度，那么百姓也会胡作非为；不注意禁止奢侈的风气，那么人们就会变得放纵；不堵塞"无量""文巧"这两个根源，那么刑罚就会被大量使用。不敬畏鬼神，那么粗陋小民就不能感悟；不祭祀山川，那么威令就不能被百姓知道；不尊重祖宗，那么百姓就会作乱；不尊重宗亲，那么孝悌之道就不复存在。礼义廉耻不予发扬，国家就会灭亡。

　　国家有"四维"，少了"一维"国基就不稳，少了"两维"国家将陷入危险，少了"三维"国家就将颠覆，少了"四维"，国家就将灭亡。倾斜了能够扶正，危险了能够转危为安，倾覆了能够再起来，但灭亡了就无法挽回了。那么"四维"是什么呢？一是礼，二是义，三是廉，四是耻。有礼，人们的行为便不会不合规范；有义，人们就不会妄自钻营；有廉，人们就不会掩盖过错；有耻，人们就不会趋从坏人。人们不逾越应守的规范，那么为君者的地位就可以坐安稳；不妄自钻营，那么人们就不会巧谋欺诈；不掩饰过错，那么人们的行为就端正自然；不趋从坏人，那么也就不会发生邪乱的事情了。

　　政令所以能推行，就在于顺应民心；政令所以废弛，就在于违逆民心。人民不喜欢忧劳，君主就要让他们安乐；人民不喜欢贫贱，君主就要让他们安享富贵；人民不喜欢危难，君主就要让他们安定；人民害怕绝后，君主就要让他们繁育生息。因为君主能使人民安乐，所以他们就能够为君主忍受忧劳；因为君主能使人民安享富贵，因此他们就能够为君主忍耐贫贱；因为君主能使人民安定，因此他们就能够为君主承担危难；因为君主能使人民繁育生息，因此他们也就不惜为君主牺牲性命了。因此仅仅靠刑罚不足以使人民真正敬畏，仅仅凭杀戮不足以让人民心中钦服。刑罚繁重但人心并不惧怕，法令就无法顺利推行；频繁杀戮却不能使人心服，为君者的位置就有危险了。因此，满足人民的以上四种愿望，疏远的人自会前来亲附；施行人民厌恶的上述四种事情，亲近的人也会自动叛离。因此可以知道，"予之于民就是取之于民"即是治理国家的法宝。

欣赏文言之美

第一段文字讲述的主题是"国颂"，即如何管理、统治人民的问题。文段用语简洁凝练，条理清晰、掷地有声地提出了"重民"的思想观点，这与战国时孟子提出的"民为贵，君为轻，社稷次之"的观点是基本一致的。尤其是语段中"仓廪实则知礼节，衣食足则知荣辱"的著名论断，见解十分深刻，成为流传至今的名句。而且，语段不仅提出了具体观点，还详细给出了具体的实施措施，可行性比较强。因此，《牧民》篇在《管子》一书中具有十分重要的地位。

第二段文字讲述的主题是"四维"，"维"也就是总纲的意思。文段重在强调礼、义、廉、耻是国家的精神支柱，这四根支柱在，那么国家就会安定，否则的话国家就将灭亡。

第三段文字讲述的主题是"四顺"，突出强调了顺应民心是治国理政的关键。也就是说，在上位者必须努力满足人民对于安乐、富贵、安定和生存繁衍的愿望，这样才能治理好国家。

形势解（节选）

小·档案

出　处：《管子·形势解》。

名　句：海不辞水，故能成其大；山不辞土石，故能成其高。
　　　　巧者有余而拙者不足也。

　　海不辞①水，故能成其大；山不辞土石，故能成其高；明主不厌②人，故能成其众；士不厌学，故能成其圣③。

【注释】①[辞]推辞，拒绝。②[厌]嫌弃。③[成其圣]达到圣人的境界。

　　古者，武王地方不过百里，战卒之众不过万人，然能战胜攻取，立为天子，而世谓之圣王者，知为之之术①也。桀、纣②贵为天子，富有海内，地方甚大，战卒甚众，而身死国亡，为天下僇（lù）③者，不知为之之术也。故能为之，则小可为大，贱可为贵。不能为之，则虽为天子，人犹夺之也。故曰："巧者有余而拙④者不足也。"

【注释】①[为之之术]指治国为君的道理。②[桀、纣]夏朝国君桀和商朝国君纣王。③[僇]通"戮"，杀戮。④[拙]不明事理。

译文

　　大海不拒绝点滴的水，所以能成就自身的博大浩渺；高山不拒绝一土一石，因此能成就自身的高峻伟岸；开明的君主不拒绝百姓，因此能获得众多人才的追随；读书人不满足于自身的学识，因此能够达到圣人的境界。

古时候，周武王的地盘方圆不过百里，士兵的人数不过万人，但是可以战无不胜、攻城拔地，并最终做了天子而被后世称为圣王，是因为他懂得治国为君的方略。夏桀、商纣虽为地位尊贵的天子，享受全国的一切财富，地盘非常大，兵卒也很多，但最终却落得身死国亡、被天下人杀戮的下场，这是因为他们不懂得治国为君的方法。因此，善于治理国家的人，可以将小国变成大国，可以将贫穷的国家变成富有的国家。不擅长治理国家的人，即便是做了天子，人们也会将他的位置夺去。因此有人说："会取巧的聪明人总会有富余的东西，而笨拙的人的生活总是匮乏不足。"

欣赏文言之美

第一段文字以"海不辞水，故能成其大；山不辞土石，故能成其高"为喻，阐述了治国治学应有的态度——兼容并蓄，如此一来，明主才能使更多的人聚集在自己周围，学者才能抵达圣人的境界。见解深刻，说理生动形象，浅显易懂。

第二段文字强调在上位者掌握治国为君方略的重要性。其采用了对比的手法，将周武王慷慨激昂的奋斗史，同桀、纣身死国灭的衰亡史做对比，突出了国君善于治理国家、掌握治国方略的关键作用。

阅读提示

以今人的眼光来看，《形势解》篇的写法有些散漫，全篇递进关系不够凸显。那时正是人类文明的童年时期，人们还没有那么多且精妙的写作技巧，难免出现信马由缰的问题。然而，这种无拘无束的言辞，恰好体现了中国古人思考问题的方式和方法。

千古绝唱，万世不息：先秦古文（下卷）

《晏子春秋》：中国最早的"短篇小说集"

读懂 小古文 爱上 大语文

《晏子春秋》是记载春秋时期齐国政治家晏婴言行的一部汇编典籍，以史料和民间传说为基础，主要讲述晏婴劝谏君主、治国理政及其他相关故事。《晏子春秋》一书不仅体现了晏婴为政的思想理念，更展现出春秋时期齐国的政治现状，为研究我国春秋时期政治、历史、哲学等提供了珍贵的资料。

晏子使楚

小·档案

出　处：《晏子春秋·内篇杂下》。

名　句：橘生淮南则为橘，生于淮北则为枳。

晏子使①楚。以②晏子短③，楚人为小门于大门之侧而延④晏子。晏子不入，曰："使狗国者，从狗门入；今臣使楚，不当从此门入。"傧者更道从大门入。见楚王，王曰："齐无人耶？"晏子对曰："齐之临淄三百闾，张袂⑤成阴，挥汗成雨，比肩继踵而在，何为无人？"王曰："然则子何为使乎？"晏子对曰："齐命⑥使，各有所主⑦，其贤者使使⑧贤王，不肖⑨者使使不肖王。婴最不肖，故宜使楚矣。"

【注释】①［使］出使，被派遣到其他的国家。②［以］因为。③［短］长短，这里指身材矮小。④［延］邀请，欢迎。⑤［袂］衣袖。⑥［命］命令，这里是委任、派遣的意思。⑦［主］规矩、章程。⑧［使使］派遣使臣出使（其他国家）。⑨［不肖］不贤，此处是指德行不好的人。

晏子将至楚，楚闻之，谓左右①曰："晏婴，齐之习辞者②也，今方③来，吾欲辱之，何以也④？"左右对曰："为其来也，臣请缚⑤一人过王而行。王曰：'何为者也？'对曰：'齐人也。'王曰：'何坐⑥？'曰：'坐盗。'"

【注释】①［左右］指身边的人。②［习辞者］善于辞令（很会说话）的人。习，擅长、善于。辞，辞令。③［方］将要。④［何以也］用什么方法呢？⑤［缚］捆绑。⑥［坐］犯罪。

晏子至，楚王赐晏子酒。酒酣①，吏二缚一人诣②王。王曰："缚者曷③为者也？"对曰："齐人也，坐盗。"王视晏子曰："齐人固④善盗乎？"晏子避席⑤对曰："婴闻之，橘生淮南则为橘，生于淮北则为枳⑥，叶徒⑦相似，其实味不同。所以然者何？水土异也。今民生长于齐不盗，入楚则盗，得无楚之水土使民善盗耶？"王笑曰："圣人非所与熙⑧也，寡人反取病焉⑨。"

【注释】①［酒酣］喝酒喝得兴味正浓的时候。②［诣］到……某人所在的地方。③［曷］同"何"，什么。④［固］原本，本来。⑤［避席］离开座位，代表着郑重和严肃的意思。⑥［枳］一种灌木类植物，果实小而苦涩。⑦［徒］仅仅，只是。⑧［熙］同"嬉"，意思是开玩笑。⑨［反取病焉］反而自讨没趣了。病，辱。

译文

晏子出使楚国。楚国人因为晏子身材矮小，就在大门的旁边开了个小门请晏子进去。晏子不从小门进去，说："到狗国出使的人才从狗门进

读懂 小古文 爱上 大语文

去,今天我出使楚国,不应该从这个门进。"前来迎接的人就改换通道,带晏子从大门进入,拜见楚王。楚王说:"齐国难道没有人了吗,怎么让你当了使臣?"晏子回答说:"齐国国都临淄有七千五百户人家,人们一起张开袖子就能把天遮住,一起挥洒汗水就像下雨一样,人与人肩挨着肩、脚后跟接着脚后跟,怎么能说没有人呢?"楚王说:"那为什么会派遣你出使我楚国?"晏子回答说:"齐国派遣使者出使其他国家,各有不同的规矩:德才兼备的人出使德才兼备的君主所在的国家,无德无才的人出使德才皆无的君主所在的国家。我晏婴最是无才无德,因此就被派来了楚国。"

晏子将要出使楚国。楚王听说这件事以后,对身边的人说:"晏婴是齐国能言善辩之人,现在他要来,我想要羞辱羞辱他,有什么办法呢?"

阅读提示

晏子之所以能在出使楚国时获得成功,这与他背后强大齐国的国力支持是分不开的。阅读时,注意体会晏子与楚王对话时的态度和语气,以及晏子在与楚王辩论时所采用的说理方式。

身边的人回答说:"等他来的时候,请大王允许我们捆绑一个人从您面前经过。大王就问:'这是什么人呢?'回答说:'他是齐国人。'大王又问:'犯了什么罪?'回答说:'犯了盗窃罪。'"

晏子到达楚国,楚王赐给晏子美酒。大家喝得正尽兴的时候,两个小官员绑着一个人来面见楚王。楚王问:"被绑着的人是做什么的?"回答说:"他是齐国人,犯了盗窃罪。"楚王看着晏子说:"齐国人原本都擅长盗窃吗?"晏子离开座席回答说:"我听说橘生长在淮河以南就是橘,但生长在淮河以北就是枳,只是叶子相似罢了,味道相差得很多。为什么会这样呢?因为水土不同所致。现在,这个人在齐国的国土之内不偷盗,到了楚国就开始偷盗,难道是楚国的水土使百姓都善于偷盗吗?"楚王笑着说:"圣人是不能同他开玩笑的,我这样反而自取其辱了呀。"

欣赏文言之美

这篇文章讲述了楚王三次想侮辱晏子,结果都被晏子三言两语化解的故事,这个故事正是对"自取其辱"的精彩演绎。楚王对晏子的第一次侮辱,是让晏子从小门进入,以讥讽晏子身材矮小,结果被晏子严词拒绝。楚王的第二次侮辱,是讥讽齐国无人,结果晏子以"齐之临淄三百闾,张袂成阴,挥汗成雨,比肩继踵而在""贤者使使贤王,不肖者使使不肖王"予以反击。楚王的第三次侮辱,是取笑齐国人在楚国善于偷盗,最终被晏子机智地归结为是楚国水土不好所致。

晏子的三次回击不卑不亢、有礼有节,不仅维护了他个人的尊严,还很好地维护了国家的尊严和形象。这充分显示了晏子的聪明机智、长于辞令的特点,以及其作为政治家、外交家的风度。

读懂 小古文 爱上 大语文

《尚书》：中国最早的一部历史文献汇编

《尚书》是中国最早的一部历史文献汇编，记录了虞、夏、商、周的许多重要史实，真实地体现了这一历史时期的天文、地理、哲学思想、教育、刑法和典章制度等。起初的时候，这本书的名字叫《书》，直到汉代才被称作《尚书》，又名《书经》。流传至今的《尚书》包括《今文尚书》（28篇）和《古文尚书》（25篇）两部分。自唐代开始，人们将这两个部分混编在一起。至于《尚书》的作者具体是谁，至今已经无史料可考。

仲虺之诰（节选）

小档案

出　　处：《尚书·商书》。
名　　句：好问则裕，自用则小。

予闻曰："能自得师者王①，谓人莫己若②者亡。好问则裕③，自用则小④。"呜呼！慎厥终，惟其始。殖⑤有礼，覆⑥昏暴。钦⑦崇天道，永保天命。

【注释】①[王]称王。②[莫己若]不如自己。③[裕]充足，丰富。④[小]渺小，狭小。⑤[殖]这里指树立。⑥[覆]倾覆，颠覆。⑦[钦]敬佩，恭敬。

译文

我听人说:"能自己主动找到学习对象的人就可以为王,以为别人都比不上自己的人终将灭亡。喜欢向别人请教,知识就充裕;只靠自己,眼界见闻就狭小。"唉!慎终的办法在于重视开始。扶植礼仪之邦,覆灭昏暴之国。敬重上天这一自然规律,就可以永享天命了。

欣赏文言之美

这段文字虽然简短,但是内涵非常深刻。首先,"能自得师者王,谓人莫己若者亡。好问则裕,自用则小"寥寥数语阐述了"勤学好问,学到的东西就多;骄傲自大,学到的东西就少"的深刻哲理,给自古至今的求学者及各界人士以深刻的启迪。其次,"慎厥终,惟其始"六个字还道出了学习要善始善终、持之以恒的道理,让人获益匪浅。

阅读提示

《尚书》的语言较为散文化,整本书以朝代编排,分成《虞书》《夏书》《商书》和《周书》。《尚书》的体式大体上有4种:其一,"典",这是一类记载古代典章制度的文章;其二,"训诰",这一体式的内容一般是君臣及大臣之间的交谈和祭神的祷告辞;其三,"誓",主要记录的是君王和诸侯的誓词;其四,"命",内容以帝王任命官员、赏赐诸侯的册命为主。

尧典（节选）

小·档案

出　　处：《尚书·虞书》。
名　　句：克明俊德，以亲九族。

　　曰若稽①古帝尧，曰放勋，钦、明、文、思、安安②。允恭克让③。光被四表④，格于上下⑤。克明俊德⑥，以亲九族；九族既睦，平章百姓；百姓昭明，协和万邦；黎民于变时雍⑦。

【注释】①[曰若稽]曰若，句首发语词。稽，查考。②[钦、明、文、思、安安]对尧的各种美德的赞美。钦，恭敬。明，通明。文、思，文章富含哲理且思想深远。安安，通"晏晏"，宽容、温和的样子。③[允恭克让]公允、恭敬、律己、谦让。④[光被四表]尧的名声广传于天下。四表，四方极远之地，泛指天下。

⑤〔格于上下〕充于天地。格,至。⑥〔克明俊德〕指尧能将自己的德行发扬光大。⑦〔时雍〕指风俗变得和睦友善。时,通"是"。

译文

对旧事进行查考,帝尧的名字叫作放勋,他恭谨严肃,明察是非,擅长治理天下,温和宽容。他忠诚尽职,又能让贤,光辉照耀四方,乃至于天上地下。他能够彰显自己崇高的品德,使家族能够亲近和睦。家族和睦了,他能明辨并彰显贵族百官的善恶。贵族百官的善恶已经明了,他又致力于协调和顺万邦诸侯。于是,天下众民也变得友善和睦起来。

欣赏文言之美

这段文字的主题是赞颂帝尧。本段用一系列美好的词汇对帝尧的为人处世、高尚品质、淳厚的德行、出众的治国能力、优秀的外交能力等进行颂扬,为我们刻画出一个几乎完美的华夏族部落首领的风采和面貌。其中的"克明俊德,以亲九族"一句更是被传颂至今,引人深思。

《山海经》：远古先民的奇思妙想

读懂 小古文 爱上 大语文

《山海经》是我国先秦时期的一部重要典籍，包罗了各种神话传说故事，可以称得上是一部"奇书"。在传世版本中，该书包括《山经》《海经》《大荒经》《海内经》，共18卷，介绍了包括上古历史、地理、民族、神话、天文、动植物、医学等内容，保存了包括夸父逐日、精卫填海、大禹治水等相关内容在内的、经典的远古神话传说和寓言故事。至于该书的作者是谁，至今尚无定论。

精卫填海

小·档案

出　处：《山海经·北山经》。

名　句：常衔西山之木石，以堙于东海。

又北二百里，曰发鸠之山①，其上多柘木②。有鸟焉，其状③如乌④，文首⑤，白喙，赤足，名曰"精卫"，其鸣自詨（xiào）⑥。是⑦炎帝之少女⑧，名曰女娃。女娃游于东海，溺而不返，故为精卫，常衔西山之木石，以堙（yīn）⑨于东海。漳水出焉，东流注于河⑩。

【注释】①[发鸠之山]古代传说中的山名。②[柘木]柘树，一种桑树。③[状]形状。④[乌]乌鸦。⑤[文首]头上生有花纹。文，同"纹"，花纹。⑥[其鸣自詨]它的叫声是在呼唤自己的名字。詨，通"叫"，呼唤。⑦[是]这。⑧[炎帝之少女]炎帝的小女儿。⑨[堙]填塞。⑩[河]指黄河。

译文

再往北行走二百里,有一座名叫发鸠的山,山上生长了许许多多的柘树。树林里有一种鸟,形似乌鸦,头上羽毛有花纹,嘴是白色的,脚是红色的,它的名字叫作精卫,它鸣叫的声音像在呼唤自己的名字。这实际上是炎帝的小女儿,名叫女娃。有一次,女娃去东海游玩,溺水身亡,再也没有回来,她化作精卫鸟,经常叼着西山上的树枝和石块,用来填塞东海。漳水从这座山发源,向东流入黄河。

欣赏文言之美

这是一篇经典的神话故事,讲述了炎帝的小女儿女娃在东海溺死,之后化作精卫鸟不停地衔西山木石填塞大海以复仇的故事。精卫表现出来的这种志向高远、勇敢反抗、锲而不舍的精神,受到人们的褒扬,多少年来一直被广为传颂,值得我们学习。

夸父逐日

小档案

出　　处：《山海经·海外北经》。
名　　句：夸父与日逐走。

夸父与日逐走①，入日②；渴，欲得饮③，饮于河、渭④；河、渭不足，北饮大泽⑤。未至，道渴而死⑥。弃其杖，化为邓林⑦。

【注释】①[逐走]竞跑，赛跑。②[入日]追赶到太阳落下的地方。③[欲得饮]想要喝水解渴。④[河、渭]即黄河、渭河。⑤[大泽]大湖。传说纵横千里，在雁门山北。⑥[道渴而死]半路上因口渴而死。⑦[邓林]桃林。

译文

夸父与太阳赛跑，一直追赶到太阳要落下去的地方；他觉得口很渴，想要喝水，就到黄河、渭河边去喝水；黄河、渭河的水喝完了还是不够，又去北方的大湖喝水。还没到大湖，就渴死在半路上了。他遗弃的手杖，化作了一片桃林。

欣赏文言之美

夸父这位善于奔跑的巨人，敢于与太阳赛跑，单这一点就说明夸父是一位有远大抱负和追求的人。他十分执着，一直追到太阳落山的地方。在他死后，他的手杖化作了一片桃林，造福人类。夸父这一人物形象，带有夸张的浪漫主义色彩，体现了古代先民探索和征服大自然的强烈愿望和顽强意志。

孙武：东方兵学鼻祖

孙武（约前545—约前470），春秋时期齐国人，著名的军事家、政治家。其腹藏韬略，擅长治军，从齐国来到吴国，受吴国重臣伍子胥的引荐，将自己所著的兵法十三篇呈献给吴王阖闾，并得到吴王的重用。在吴楚柏举之战中，孙武率领吴军大败楚军，占领楚国都城郢都，几乎让楚国遭遇灭顶之灾。他的兵法十三篇流传了下来，即《孙子兵法》，被后世人所推崇，誉为"兵家圣典"，甚至在世界军事史上、哲学思想界都占有非常重要的地位，其所包含的军事思想被广泛运用到社会生产的各行各业。孙武本人也被誉为"兵家至圣""百世兵家之师"等。

谋攻篇（节选）

［春秋］孙武

小·档案

出　处：《孙子兵法·谋攻篇》。
名　句：不战而屈人之兵，善之善者也。
　　　　知彼知己者，百战不殆。

孙子曰：凡用兵之法，全①国为上，破②国次之；全军为上，破军次之；全旅为上，破旅次之；全卒为上，破卒次之；全伍为上，破伍次之。是故百战百胜，非善之善者也；不战而屈人之兵③，善之善者也。

【注释】①[全]使……完整；保全。②[破]攻破，打破。③[不战而屈人之兵]不经交战而使敌方投降。

故上兵伐谋①，其次伐交②，其次伐兵，其下攻城。攻城之法，为不得已。

读懂 小古文 爱上 大语文

修橹轒辒（fén wēn）③，具器械，三月而后成；距闉（yīn）④，又三月而后已。将不胜其忿⑤，而蚁附⑥之，杀士三分之一，而城不拔者，此攻之灾也。

【注释】①［上兵伐谋］上等的用兵策略是以谋略制胜。②［交］外交策略。③［修橹轒辒］制造盾牌和战车。橹，盾。轒辒，战车。④［距闉］堆筑攻城用的土山。⑤［忿］愤怒的情绪。⑥［蚁附］像蚂蚁一样扎堆。

故善用兵者，屈人之兵而非战也，拔人之城而非攻也，毁人之国而非久也，必以全争于天下，故兵不顿①而利可全。此谋攻之法也。

【注释】①［顿］倒下，跌倒。这里指折损。

……

夫将者，国之辅①也。辅周②则国必强，辅隙③则国必弱。

【注释】①［辅］辅助，指栋梁之臣。②［周］周到。③［隙］间隙，这里指疏漏。

故君之所以患于军者三：不知军之不可以进，而谓之进，不知军之不

可以退，而谓之退，是谓縻①军；不知三军之事，而同三军之政②，则军士惑③矣；不知三军之权，而同三军之任，则军士疑矣。三军既惑且疑，则诸侯之难至矣。是谓乱军引胜。

【注释】①［縻］束缚，羁绊。②［政］政务。③［惑］困惑。

故知胜有五：知可以战与不可以战者胜；识众寡之用者胜；上下同欲者胜；以虞①待不虞者胜；将能而君不御②者胜。此五者，知胜之道也。

【注释】①［虞］准备，防范。②［御］驾驭，指挥。

故曰：知彼知己者，百战不殆①；不知彼而知己，一胜一负；不知彼，不知己，每战必殆。

【注释】①［殆］危险，败亡。

译文

孙子说：若说那用兵的原则，以能使敌国全国不战而降为上策，用武力攻破敌国使其投降是稍次之策；能使敌人全旅不战而降为上策，大败全旅敌军使之降服是稍次之策；能使敌人全卒不战而降为上策，大败全卒敌军使之降服是稍次之策；能使敌人全伍不战而降为上策，大败全伍敌军使之降服是稍次之策。因此，百战百胜的人，不是用兵策略中最高明的；不使用武力攻打却能使敌人屈服，这才是用兵策略中最高明的。

因此最上等的用兵策略是用谋略获胜，其次是凭借外交手段挫敌，再次是出动军队攻敌取胜，最下策才是攻城。攻城这种方法，是到万不得已的时候才使用的。修治攻城的橹盾、战车，准备各种攻城器械，需要三个月的时间才能完成。构筑攻城的土山，又需要花费三个月。将帅抑制不住自己愤怒的情绪，让士卒像蚂蚁一样去爬梯攻城，使士卒伤亡三分之一却不能攻下城池，这就是攻城所致的危害。

读懂 小古文 爱上 大语文

因此善于用兵的人，使敌人屈服却不靠战争，攻取敌人的城池却不是靠硬攻，消灭敌国却不是靠久战，用周全的计谋争胜于天下，因此兵力不至于折损，却可以取得全胜，这就是以谋略克敌制胜的方法。

……

将帅，是国君的左膀右臂，辅佐得周密国家就会强盛，若有疏漏之处那么国家必将逐渐变得衰弱。

所以君主对军队造成危害的情况表现在三个方面：不懂得军队不可以前进而命令他们前进，不懂得军队不可以后退而命令他们后退，这叫作束缚军队；不懂得军中事务却干涉军队的行政管理，那么军士就会迷惑；不知军中权谋之变而参与军队指挥，那么将士就会心生疑虑。如果三军将士不仅迷惑而且疑虑，被诸侯趁机而起攻打的灾难就要降临了。这就叫作自乱其军而丧失了胜利。

因此说，预测能否取胜可考察以下五点：懂得什么条件下可以作战、什么条件下不可以作战的人会取胜；懂得根据兵力多少而采取不同打法的人取胜；上下一心同仇敌忾的取胜；以有准备的军队去攻打无准备军队的取胜；将领极富军事才能而君主不从中干预牵制的取胜。这五点就是预知胜负的途径。

所以说：既了解敌方情况，又了解自身情况，才能做到常胜不败；不了解敌方情况而只知道自身情况，有可能胜也有可能败；不了解敌方情况，也不清楚自身情况，那么每一战都必将失败。

欣赏文言之美

　　选文前三段内容主旨意在阐明用兵的最高追求是"不战而屈人之兵"，也就是说不用一兵一卒就能使敌人乖乖投降是最高明的作战策略，即便不能获得最为理想的结果，也应该着力以尽可能小的代价换取尽可能大的胜利。战国时期，各国推崇武力，孙子的此番言论却反其道而行之，振聋发聩地提出了"不战而屈人之兵"，以智慧和谋略而非武力来赢得胜利才是最高明的用兵之策，其见解高远，使人叹服。

　　后四段内容阐述了军队作战的三大危害、预知胜负的五条途径和作战前知己知彼的重要性。尤其是最后一点，说的是完全掌握对方的各种情况，如士兵人数、战斗力、地形、天时、后勤保障，甚至是将帅自身性格特点、爱好，等等，才能占得先机，获得战争的主动权。其中，"知彼知己，百战不殆"一句既是《孙子兵法》一书的精华，也是统摄全书的一条重要线索，不仅使众多军事家获得深刻启示，还被许多企业家、艺术家、政治家等各行各业的人当作名言警句。

左丘明：文宗史圣

《左传》是一部编年体史书，原名《左氏春秋》，汉代改名《春秋左氏传》，简称《左传》。该书相传为春秋末年鲁国史官左丘明所著。左丘明（约前502—约前422），鲁国的附庸国邾国人，为春秋末期史学家、文学家、思想家、散文家、军事家，被史学界推为中国史学的开山鼻祖。

失信不立

[春秋] 左丘明

小档案

出　处：《左传·襄公二十二年》。
名　句：失信不立。

秋，栾盈自楚适①齐。晏平仲言于齐侯曰："商任之会，受命于晋。今纳栾氏，将安②用之？小所以事大，信也。失信不立。君其图之。"弗③听。退告陈文子曰："君人执④信，臣人执共，忠、信、笃、敬，上下同之，天之道也。君自弃也，弗能久矣！"

【注释】①[适]去，到。②[安]如何，怎么。③[弗]不。④[执]坚守，信奉。

译文

秋季，栾盈从楚国去往齐国。晏平仲对齐庄公说："商任那次会晤，是接受了晋国的命令。现在接纳栾氏，打算如何任用他呢？小国侍奉大国，所凭借的是信用，失去信用，便无法立身立国。君王您还是慎重考虑一下。"

齐庄公不听晏平仲的话。晏平仲退出之后对陈文子说:"作为君主必须保持信用,作为臣子必须保持恭敬。忠实、守信、诚笃、恭敬,上下共同遵守它,这是上天的常道。国君自暴自弃,君位恐怕不能长久了。"

欣赏文言之美

　　该故事发生的背景是:齐庄公三年(前548),晋国大夫栾盈兴兵造反失败,逃到齐国以求庇护。当时,晏平仲(也就是晏婴)见齐庄公居然以贵客之礼接待一个公然叛乱的晋国大夫,便提醒齐庄公。可是,晏婴的谏言齐庄公并未听从。这里晏婴的一句"失信不立"便预言了齐国最终灭国的悲惨结局。这段文字用语简洁凝练,意蕴深刻,耐人寻味。

曹刿论战

[春秋] 左丘明

小·档案

出　处：《左传·庄公十年》。
名　句：夫战，勇气也。一鼓作气，再而衰，三而竭。

十年①春，齐师伐我。公②将战，曹刿请见。其乡人曰："肉食者③谋之，又何间④焉？"刿曰："肉食者鄙⑤，未能远谋。"乃入见。问："何以战⑥？"公曰："衣食所安，弗敢专也⑦，必以分人。"对曰："小惠未遍⑧，民弗从也。"公曰："牺牲玉帛⑨，弗敢加⑩也，必以信。"对曰："小信未孚⑪，神弗福⑫也。"公曰："小大之狱⑬，虽不能察，必以情。"对曰："忠之属也⑭。可以一战。战则请从⑮。"

【注释】①［十年］鲁庄公十年（前684）。②［公］此处指鲁庄公。③［肉食者］吃肉的人，即鲁国的当权者。④［间］参与。⑤［鄙］目光短浅。⑥［何以战］意思是凭借什么作战。⑦［衣食所安，弗敢专也］衣食这类养生的东西，不敢独自享用。⑧［遍］遍及、普遍。⑨［牺牲玉帛］古代祭祀用的祭品。牺牲，祭祀用的猪、牛、羊等。玉，玉器。帛，丝织品。⑩［加］夸大，虚报数目。⑪［小信未孚］小信用并不能让神灵信服。孚，使人信服。⑫［福］赐福，保佑。⑬［狱］（诉讼）案件。⑭［忠之属也］（这是）尽了职分的事情。属，种类。⑮［从］随行，跟从。

公与之乘①，战于长勺。公将鼓之。刿曰："未可。"齐人三鼓。刿曰："可矣。"齐师败绩②。公将驰③之。刿曰："未可。"下视其辙④，登轼⑤而望之，曰："可矣。"遂逐齐师。

【注释】①［公与之乘］鲁庄公和他同乘一辆战车。②［败绩］军队溃败。③［驰］驱车追赶。④［辙］车轮驶过以后在地上留下的痕迹。⑤［轼］古代车厢前作扶手的横木。

既克①，公问其故。对曰："夫战，勇气也②。一鼓作气③，再④而衰，三⑤而竭。彼竭我盈⑥，故克之。夫大国，难测也，惧有伏焉。吾视其辙乱，望其旗靡⑦，故逐之。"

【注释】①［既克］已经战胜。既，已经。②［夫战，勇气也］作战靠的是勇气。③［一鼓作气］第一次击鼓能振奋士气。④［再］第二次。⑤［三］第三次。⑥［彼竭我盈］对方的勇气已尽，而我们的士气正盛。⑦［靡］倒下。

译文

鲁庄公十年的春季，齐国军队攻打鲁国。鲁庄公打算迎战，曹刿请求面见鲁庄公。曹刿的同乡人都说："打仗的事，那些当权者自会谋划，你又何必参与呢？"曹刿说："当权者见识浅薄，不能做长远打算。"于是入朝去见鲁庄公。曹刿问："您凭借什么打赢这一战呢？"鲁庄公说："衣食这一类安身立命的东西，我不敢独自占有，一定要将它分给别人。"曹刿回答说："小恩小惠不能普遍分给百姓，百姓是不会跟从您的。"鲁庄公说："祭祀神灵的牛、羊、玉帛之类的祭品，祝祷的时候我从来不敢虚夸，一定按照自己许诺的去报告。"曹刿说："小的诚信不足以使神灵信服，神灵是不会赐福于您的。"鲁庄公说："大大小小的案件，虽然不能一一明察，但一定要按实情去处理。"曹刿回答说："这才是为百姓尽职的事。可以凭借这个来打一仗。如果作战，请允许我跟随您一同去。"

读懂 小古文 爱上 大语文

鲁庄公和曹刿同乘一辆战车,在长勺作战。鲁庄公将要下令击鼓进军。曹刿说:"不行。"等到齐军三次击鼓之后,曹刿说:"可以击鼓进军了。"齐军大败。鲁庄公要下令追击。曹刿说:"还不行。"说完就下车察看齐军战车车轮碾过的痕迹,又登上战车,扶着车前横木远望齐军的队形,说:"可以了。"于是鲁军才追击齐军。

战胜齐军后,鲁庄公问曹刿取胜的原因。曹刿回答说:"作战,靠的是勇气。第一次击鼓能够振作士气,第二次击鼓士兵们的士气就衰减了,第三次击鼓士兵们的士气就丧失了。齐军的士气丧失而我军士气正盛,所以才战胜了他们。像齐国这样的大国行军是难以捉摸的,我怕他们设下埋伏。我看他们车轮碾过的痕迹混乱,望见他们的旗子倒下了,所以才追击他们。"

> **阅读提示**
>
> 本文在刻画曹刿这个人物的时候,主要通过语言描写与对比描写来展开。在阅读时,请注意作者是怎样将鲁庄公与曹刿进行对比的。另外要注意,在战争开始以后,曹刿做出击鼓进军、驱车追击齐军命令时的依据是什么。

欣赏文言之美

本文围绕着发生在鲁庄公十年春季的一次战争——长勺之战而展开,但是该段描述的重点不是战争的经过,而是通过鲁庄公和曹刿的对话所展现的曹刿"论战",突出了曹刿优秀的政治远见和军事才能。文章中的鲁庄公虽然资质一般,但对于不懂的问题他可以虚心地请教,也不失为一个好的君主。

郑伯克段于鄢

[春秋] 左丘明

小·档案

出　　处：《左传·隐公元年》。

名　　句：多行不义必自毙。

　　初①，郑武公娶于申②，曰武姜，生庄公及共叔段③。庄公寤生④，惊⑤姜氏，故名曰"寤生"，遂恶之⑥。爱共叔段，欲立之。亟请于武公⑦，公弗许。及庄公即位，为之请制⑧。公曰："制，岩邑⑨也，虢叔⑩死焉。佗邑唯命⑪。"请京⑫，使居之，谓之京城大叔⑬。

【注释】①[初]当初。一般在回述往事时会这么说。②[娶于申]从申国娶妻。③[共叔段]郑庄公的弟弟，名段。④[寤生]指难产，胎儿的脚先生出来。寤，通"牾"，逆，倒着。⑤[惊]使……惊恐。⑥[遂恶之]因此厌恶他。⑦[亟请于武公]屡次向武公请求。亟，屡次。⑧[制]地名，又名虎牢关，在今河南省荥（xíng）阳市西北。⑨[岩邑]险要的城镇。岩，险要。邑，人所聚居的地方。⑩[虢叔]东虢国的国君。⑪[佗邑唯命]如果是别的地方，就听从您的吩咐。佗，同"他"，别的，另外的。唯命，只听从您的命令。⑫[京]地名，在今河南省荥阳市东南。⑬[谓之京城大叔]京地百姓称共叔段为京城太叔。大，同"太"。

　　祭（zhài）仲①曰："都，城过百雉②，国之害也③。先王之制：都，不过参国之一④；中，五之一⑤；小，九之一⑥。今京不度⑦，非制也⑧，君将不堪⑨。"公曰："姜氏欲之，焉辟害⑩？"对曰："姜氏何厌之有⑪？不如早为之所⑫，无使滋蔓⑬！蔓，难图⑭也。蔓草犹不可除，况君之宠弟乎？"公曰："多行不义必自毙⑮，子姑待之。"

【注释】①[祭仲]郑国的大夫。②[都，城过百雉]都邑的城墙超过了三百丈。雉，古代城墙长一丈、宽一丈、高一丈为一堵，三堵为一雉，即长三丈。③[国之害也]国家的祸害。④[都，不过参国之一]大城市的城墙不超过国都城墙的三分之一，参，同"三"。⑤[中，五之一]中等城市城墙不超过国都城墙的五分之一。⑥[小，九之一]小城市的城墙不超过国都城墙的九分之一。⑦[不度]不符合法度。⑧[非制也]不符合先王定下的制度。⑨[不堪]受不了，也就是控制不住的意思。⑩[焉辟害]哪里能逃避祸害。辟，"避"的古字。⑪[何厌之有]有什么满足。⑫[为之所]给他安排个地方。⑬[无使滋蔓]不要让他滋长蔓延。无，通"毋"，不要。⑭[图]除掉。⑮[多行不义必自毙]多做不义的事，自己必定走向灭亡。毙，原本指倒下去、垮台，汉以后有"死"的含义。

既而大叔命西鄙、北鄙贰于己①。公子吕曰："国不堪贰，君将若之何？欲与大叔，臣请事之②；若弗与，则请除之，无生民心③。"公曰："无庸④，将自及⑤。"大叔又收贰以为己邑，至于廪延。子封曰："可矣，厚将得众⑥。"公曰："不义不暱，厚将崩⑦。"

【注释】①[贰于己]从属于庄公的同时也从属于自己。②[臣请事之]那么我请求去侍奉他。③[生民心]使百姓产生二心。④[无庸]不用。⑤[将自及]将自己招致灾难。⑥[厚将得众]势力雄厚，就能获得更多的民心。众，指百姓。⑦[不义不暱，厚将崩]共叔段对国君不义，百姓就对他不亲，势力再雄厚，也是会崩溃的。暱，同"昵"，亲近。

大叔完、聚①，缮甲、兵②，具卒、乘③，将袭郑，夫人将启之④。公闻其期⑤，曰："可矣。"命子封帅车二百乘以伐京。京叛大叔段，段入于鄢，公伐诸鄢。五月辛丑，大叔出奔共⑥。

【注释】①[完、聚]修治城郭，聚集百姓。完，修葺(qì)。②[缮甲、兵]修整作战用的甲衣和兵器。③[具卒、乘]准备步兵和兵车。卒，步兵。乘，四匹马拉的战车。④[夫人将启之]武姜将要里应外合，给共叔段做内应。⑤[公闻其期]庄公听说了偷袭的日期。⑥[出奔共]出逃到共国(避难)。奔，逃亡。

书曰："郑伯克段于鄢。"段不弟①，故不言弟。如二君，故曰克②。称郑伯，讥失教也。谓之郑志③，不言出奔，难之也。

【注释】①[不弟]不守为弟之道。②[如二君，故曰克]兄弟俩如同两个国君一样争斗，所以用"克"字。③[谓之郑志]赶走共叔段是出于郑庄公的本意。志，意愿。

遂寘(zhì)①姜氏于城颍，而誓之曰："不及黄泉②，无相见也！"既而悔之。颍考叔③为颍谷封人，闻之，有献④于公。公赐之食，食舍肉⑤。公问之，对曰："小人有母，皆尝小人之食矣，未尝君之羹⑥，请以遗(wèi)之⑦。"公曰："尔有母遗，繄(yī)我独无⑧！"颍考叔曰："敢问何谓也？"公语之故，且告之悔。对曰："君何患焉？若阙⑨地及泉，隧而相见，其谁曰不然？"公从之。公入而赋："大隧之中，其乐也融融⑩。"姜出而赋："大隧之外，其乐也洩洩(yì yì)⑪。"遂为母子如初。

【注释】①[寘]同"置"，放置，放逐。②[黄泉]地下的泉水，这里指死后。③[颍考叔]郑国大夫。④[有献]有东西要进献给郑庄公。⑤[食舍肉]吃的时候把肉放置一边不吃。⑥[羹]肉汤。⑦[遗之]赠送给她。⑧[繄我独无]单单我没有。⑨[阙]通"掘"，挖。⑩[大隧之中，其乐也融融]走进隧道里，真是无比欢乐啊。⑪[大隧之外，其乐也洩洩]走出隧道外，心情真是欢快啊。

读懂 小古文 爱上 大语文

君子曰:"颍考叔,纯孝也,爱其母,施^①及庄公。《诗》曰:'孝子不匮,永锡^②尔类。'其是之谓乎!"

【注释】①[施]延及。②[锡]通"赐",给予。

译文

起初,郑武公娶了申国公室女子,她后来被称作"武姜",并生下了庄公和共叔段。庄公出生时,脚先生出,这使武姜受到了惊吓,武姜便给他取名"寤生",并因此而讨厌他。武姜喜欢小儿子共叔段,想要立他为太子。她屡次请求郑武公,武公没有答应。等到庄公继承君位,武姜又为共叔段求取封地制邑。庄公说:"制邑,是险要之地,虢叔曾经死在那里。如果求取别的地方,我都听您的吩咐。"武姜便求取京邑,庄公于是允许共叔段居住在京邑,共叔段也因此被称作"京城太叔"。

大臣祭仲进谏说："大封邑的城墙边长超过三百丈，就是国家的隐患。先王的制度是：大都市，城墙长度不能超过国都的三分之一；中等城市，城墙长度不能超过国都的五分之一；小城市，城墙长度不能超过国都的九分之一。现在京邑太大，不合制度，您将难以控制。"庄公说："我母亲武姜要这样，我又能怎样呢？"祭仲说："武姜哪里会满足？不如趁早打算，不要使其继续发展！继续发展的话，就不好解决了。蔓延的野草都难以铲除，何况是您那被宠爱的弟弟呢？"庄公说："不义之事做得多了，一定会自取灭亡，你就暂且等着瞧吧！"

不久，太叔让西部和北部边邑一面听从于庄公，一面又听从于自己。公子吕向庄公进谏说："国家是不能忍受这样听从于两个国君的，您打算怎么办呢？是想把国家拱手交给太叔吗，那么我干脆去侍奉他好了；假如您不打算这么做，那就请除掉他，不要使臣民产生其他的想法。"庄公说："不必，他会自己走向灭亡的。"太叔又将西部和北部边邑收归自己所有，势力还延伸到廪延。公子吕（子封）说："到此为止吧，他的势力越来越雄厚，会得到更多的拥护者的。"庄公说："不是正义的，自然得不到拥护，即使势力雄厚，也将垮台。"

太叔将城郭筑牢，粮草备足，铠甲兵器打造好，兵马补充好，准备偷袭庄公。武姜打算打开城门来接应他。庄公得知太叔兴兵攻打的日期以后，说："可以了！"他命令公子吕率领二百乘兵车讨伐京邑。京邑人反叛太叔，太叔逃到了鄢邑。五月二十三日，太叔又逃到了共邑。

《春秋》中记载："郑伯攻克共叔段于鄢地。"共叔段不敬兄长，所以不用"弟"字；交战双方如同两国国君，所以用"克"字；称庄公为"郑伯"，是在讥讽他对弟弟疏于教导。《春秋》这样记载，而不写"太叔出奔"，也暗示这样做是郑伯的本意，是对郑伯有责难之意。

庄公将武姜安置在城颍，并对着她发誓说："不到黄泉，不会再相见！"

说过这话不久，他就后悔了。颍考叔是守卫边境颍谷的官员，听说这件事以后，便向庄公献礼。庄公设宴款待他，吃饭的时候，颍考叔把肉留下不吃。庄公问他缘故，他说："我还有老母亲，我吃的食物她都尝过，却没有尝过您赐的肉羹，我想留给她尝尝。"庄公说："你有老母可以敬奉，唉，我却没有。"颍考叔说："请问您为何这样说呢？"庄公就把事情的来龙去脉告诉了颍考叔，并且说出了自己的悔意。颍考叔回答说："那有什么可忧愁的！如果挖掘地道，一直掘到看见地下的泉水，就在隧道里母子相见，谁能说不对呢？"庄公就照他的办法做了。庄公进入隧道，唱道："身在隧道中，快乐而和睦。"武姜从隧道出来，唱道："身在隧道外，快乐又自在。"于是母子关系恢复，和原来一样。

君子说："颍考叔的孝是纯正的，他不仅孝顺自己的母亲，还影响到了庄公。《诗经》说：'孝心永不枯竭，永远和你同列。'说的就是颍考叔吧。"

欣赏文言之美

本文记载了公元前722年郑国兄弟相残的故事。在文中，庄公对弟弟的过分行为一再地放任，连庄公的大臣都被蒙在鼓里，以为自己的国君只是对弟弟过于宠爱才如此，殊不知，庄公是在为自己的弟弟挖一个巨大的陷阱。文中，庄公的一句"多行不义必自毙"将他老谋深算、心机深沉、极具政治手腕的政治家形象刻画得入木三分，也体现了他的冷血无情。而文章最后，庄公与武姜"母子如初"的结局，也让人感到可笑，因为这母子二人经过了如此一番你死我活的争斗以后，如何能变得母慈子孝呢？庄公之所以听从颍考叔的建议，并不是真的想与母亲和解，只不过是为了保全自己的名声才顺势而为。在这里，郑庄公伪善的一面也展露无遗。文章的第五段表明，《春秋》对这件事的记载用字十分考究，同时也详细说明了这样记载的原因，可谓字字斟酌，值得借鉴。

周郑交质

[春秋] 左丘明

小·档案

出　　处：《左传·隐公三年》。
名　　句：信不由中，质无益也。
　　　　　明恕而行，要之以礼，虽无有质，谁能间之。

郑武公、庄公为平王卿士①，王贰②于虢，郑伯怨王。王曰："无之。"故周、郑交质③。王子狐为质于郑，郑公子忽为质于周。

【注释】①[卿士]周朝的执政官。②[贰]有二心，此处意指"偏重"。③[交质]交换人质。

王崩①，周人将畀（bì）②虢公政。四月，郑祭足③帅师取温④之麦。秋，又取成周⑤之禾。周、郑交恶。

【注释】①[王崩]周平王离世。②[畀]交给。③[祭足]即祭仲，郑大夫。④[温]周朝小国，在今河南温县南。⑤[成周]周地，今在河南洛阳市东。

君子曰："信不由中，质无益也。明恕①而行，要②之以礼，虽无有质，谁能间③之？苟有明信④，涧、溪、沼、沚之毛，蘋、蘩（fán）、蕰藻⑤之菜，筐、筥（jǔ）、锜（qí）、釜⑥之器，潢、污、行潦⑦之水，可荐⑧于鬼神，可羞⑨于王公，而况君子结二国之信，行之以礼，又焉用质？《风》

有《采蘩》《采蘋》，《雅》有《行苇》《泂酌（jiǒng zhuó）》，昭⑩忠信也。"

【注释】①[明恕]相互谅解。②[要]约束。③[间]离间。④[明信]彼此了解，坦诚以待。⑤[蘋]水生植物浮萍。[蘩]白蒿。[蕴藻]一种聚生的藻类。⑥[筐、筥]竹制容器，方形为筐，圆形为筥。[锜、釜]都是烹饪器皿，有足为锜，无足为釜。⑦[潢、污、行潦]潢，积水池。污，积水。行潦，路上的积水。⑧[荐]享祭，祭祀。⑨[羞]同"馐"，进奉美味的食品。⑩[昭]表明，彰显。

译文

郑武公、郑庄公父子先后做了周平王的执政大臣。平王又任用虢公，庄公埋怨平王。平王说："从没有这样的事。"因为这件事，平王和郑国交换人质。周平王的儿子王子狐去郑国做人质，郑庄公的儿子公子忽去周王朝做人质。

周平王驾崩以后，周王室打算把国政全部交予虢公。四月，郑国的祭仲带兵将周畿小国温地的麦子给收割了。秋季，又割掉了成周的谷子。周王朝和郑国因此关系变得越来越紧张。

君子说："诚信不发自内心，交换人质也起不到有益的作用。设身处地地谅解对方而后行事，又用礼制加以约束，即便没有人质，谁又能离间得了呢？假如互相信任、谅解，那山涧、池塘中的野草，四叶菜、白蒿以及水边的藻类等野菜，方筐、圆筐、有足或无足的烹饪用具等器具，甚至路上沟里或多或少的积水，都可以敬献鬼神，进奉王公；何况君子为了使两国建立信任，按照礼仪行事即可，又哪里用得着人质呢？《诗经·国风》有《采蘩》《采蘋》，《大雅》中有《行苇》《泂酌》，这四篇文章都是彰显忠实和信任的。"

欣赏文言之美

　　文章讲述的故事发生在周王朝东迁势力衰微以后,当时周王朝无力控制各诸侯国,以至于和郑国发生交换人质的事情。文章从"礼"和"信"两个角度对交换人质这件事进行评价,认为周郑通过交换人质来维持关系,不能称之为"信",也表现不出周王朝与诸侯国之间的上下之"礼"。而且,文中将周郑并提,实则暗含讥讽的意味,表现了周王室的衰弱不堪和郑国的骄横,以及二者之间的微妙关系。

千古绝唱,万世不息:先秦古文(下卷)

晋灵公不君（节选）

[春秋] 左丘明

小·档案

出　　处：《左传·宣公二年》。

名　　句：人谁无过？过而能改，善莫大焉。
　　　　　靡不有初，鲜克有终。

晋灵公不君①：厚敛②以雕墙③；从台上弹人，而观其辟丸也；宰夫胹（ér）熊蹯（fán）④不熟，杀之，置诸畚（běn）⑤，使妇人载以过朝。赵盾、士季见其手，问其故，而患之。将谏，士季曰："谏而不入，则莫之继也。会请先，不入，则子继之。"三进，及溜⑥，而后视之。曰："吾知所过矣，将改之。"稽首而对曰："人谁无过？过而能改，善莫大焉。诗曰：'靡不有初，鲜克有终⑦。'夫如是，则能补过者鲜矣。君能有终，则社稷之固也，岂惟群臣赖之。又曰：'衮⑧职有阙，惟仲山甫补之。'能补过也。君能补过，衮⑨不废矣。"

【注释】①[不君]不行君道，没有国君的样子。②[厚敛]加重征收赋税。③[雕墙]这里指修筑豪华宫室，过着奢侈的生活。④[宰夫胹熊蹯]宰夫，厨子。胹，煮，炖。熊蹯，熊掌。⑤[畚]筐篓一类盛物的器具。⑥[及]到。[溜]霤，屋檐下滴水的地方。⑦[靡不有初，鲜克有终]没有什么没有好的开端，但是很少能有好的结果。初，开端。鲜，少。克，能够。终，结束。⑧[衮]天子的礼服，借指天子，这里指周宣王。⑨[衮]此处指君位。

译文

晋灵公没有一国之君的样子：大量征收赋税来建造豪华的宫殿；在高

台上用弹弓弹射来往的行人,以观看他们躲避弹丸的狼狈模样为乐。厨师炖熊掌没有炖烂,他就下令将厨师杀了,尸体装在筐里,让宫女用车载着经过朝堂给众人看。赵盾、士季看到死人的手露在外面,就询问这个人被杀的原因。赵盾要进谏晋灵公,士季说:"如果你进去进谏,国君不听,那么就没有人能继续进谏了。让我先去,如果国君不听,你再继续进谏。"士季去面见晋灵公时,往前走了三次,晋灵公都装作没有看见,一直到了屋檐下,晋灵公才看见他。说:"我知道自己的过错了,我会改掉的。"士季说:"人谁不会犯错呢,犯了错误知道改正,就是天大的好事。《诗经》中说:'凡事都有一个好的开端,但很难得到一个好的结果。'如果是这样的话,那么能够弥补自己过错的人就很少了。国君您如果能坚持到底,一直向善,那么江山就有保障了,又何止是有了群臣。有人说:'周宣王有了过失,只有仲山甫来弥补。'这是说周宣王可以补救自己的过失。国君若可以改正过失,就不会担心丢掉君位了。"

欣赏文言之美

　　文章为我们刻画了一个荒唐怪异和残忍冷血的暴君形象。首句"晋灵公不君"是总括句,表明晋灵公不守君道,后文围绕"不君"展开叙述,有详有略。"不君"的表现之一是横征暴敛、奢侈无度。之二是爱恶作剧,在高台上用弹弓弹射行人。之三是喜怒无常,因为一点小事就将人杀死。这样的国君无疑是令大臣失望、不满甚至恐惧的。士季前去进谏,言辞委婉而恳切,表现了对晋灵公向善补过的一片期望。但晋灵公却不屑一顾,随口应付几句了事,足见其昏聩程度,也说明士季的一番话无疑是毫无作用的。

晏子对齐侯问（节选）

[春秋] 左丘明

小·档案

出　　处：《左传·昭公二十年》。
名　　句：和与同异乎？

读懂 小古文 爱上 大语文

齐侯至自田，晏子侍于遄（chuán）台①，子犹驰而造焉。公曰："唯据与我和夫！"晏子对曰："据亦同也，焉得为和？"公曰："和与同异乎？"对曰："异。和如羹焉，水、火、醯（xī）、醢（hǎi）②、盐、梅，以烹鱼肉，燀（chǎn）③之以薪④，宰夫和之，齐之以味，济其不及，以泄其过。君子食之，以平其心。君臣亦然。君所谓可而有否焉，臣献其否以成其可；君所谓否而有可焉，臣献其可以去其否。是以政平而不干，民无争心。"

【注释】①[遄台]地名，又叫歇马台、戏马台，在今山东临淄附近。②[醯]醋。[醢]指用鱼肉制作而成的酱。③[燀]炊。④[薪]柴火。

译文

齐景公从打猎的地方回来，晏子随侍在遄台，梁丘据（子犹）也驾着车来了。景公说："只有梁丘据与我相处和谐呀！"晏子回答说："梁丘据也不过是相同罢了，怎么能说是和谐呢？"景公说："和谐与相同有区别吗？"晏子回答

说:"有区别。和谐就像做肉汤,用水、火、醋、酱、盐、梅来烹调鱼和肉,用薪柴烧煮,厨师调配味道,使每一种味道恰到好处,味道不够就加料,味道太重就减料。君子吃了这种肉汤,可以调和心性。君臣之间的关系也是如此。国君认为可行的,其中也包含着不可行的,臣子进谏去掉不可行的,指出可行的;国君认为不可行的,其中也包含着可行的,臣子进言指出可行的,去掉不可行的。因此,政令平和而不违背礼仪,百姓没有争斗之心。"

欣赏文言之美

选文立足于国家政治,论证了"和"与"同"的本质区别。在晏子看来,君臣之间的"和"不是不分是非、混淆黑白的附和、和稀泥,而是应该承认客观存在的不同之处和不同意见。君臣之间的关系,应该是在充分表达各自意见的基础之上的"和",而不是言行举止上的一致,这才是国家政治的健康状态和理想境界。

贤相晏子

晏婴以卓越的政治远见和外交才能备受齐王器重,历灵公、庄公和景公三朝,在齐国可谓举足轻重。晏婴曾奉齐景公之命,与晋国联姻,他预言齐国将被田氏一族所取代。他直言敢谏,勇于纠正国君的错误,倡导节俭,身体力行,且足智多谋,刚正不阿,是齐国的功勋之臣。

47

烛之武退秦师

[春秋] 左丘明

小·档案

出　处：《左传·僖公三十年》。
名　句：越国以鄙远，君知其难也，焉用亡郑以陪邻。

晋侯、秦伯①围郑，以其无礼于晋②，且贰于楚③也。晋军函陵，秦军氾南。

【注释】①[晋侯、秦伯]指晋文公和秦穆公。②[无礼于晋]指晋文公早年流亡时经过郑国，没有被郑文公以礼相待，晋文公因此怀恨在心。③[贰于楚]指郑国依附于晋国的同时又亲附于楚国。

佚之狐言于郑伯曰："国危矣，若使烛之武见秦君，师必退。"公从之。辞曰："臣之壮①也，犹②不如人；今老矣，无能为也已③。"公曰："吾不能早用子，今急而求子，是寡人之过也。然郑亡，子亦有不利焉。"许之。

【注释】①[壮]壮年。古时男子三十为壮年。②[犹]尚且。③[无能为也已]不能干什么了。也已，语气助词，表示确定。

夜缒（zhuì）①而出，见秦伯，曰：

读懂 小古文 爱上 大语文

48

"秦、晋围郑，郑既知亡矣。若亡郑而有益于君，敢以烦执事②。越国以鄙远，君知其难也，焉用亡郑以陪邻③？邻之厚，君之薄也。若舍郑以为东道主，行李④之往来，共其乏困⑤，君亦无所害。且君尝为晋君赐矣，许君焦、瑕，朝济而夕设版焉，君之所知也。夫晋，何厌之有？既东封郑⑥，又欲肆其西封⑦，若不阙秦⑧，将焉取之？阙秦以利晋，唯君图之。"秦伯说，与郑人盟。使杞子、逢孙、杨孙戍之，乃还。

【注释】①[缒]用绳子拴着从上往下送。②[敢以烦执事]冒昧地用(亡郑这件事)麻烦你。敢，自言冒昧的谦辞。执事，办事的官员，代指秦穆公，表示恭敬。③[焉用亡郑以陪邻]哪里用得着灭掉郑国而给邻国增加土地呢。陪，增加。邻，邻国，指晋国。④[行李]外交使者。⑤[共其乏困]供给他们缺少的资粮。共，同"供"，供给。⑥[既东封郑]在东边使郑国成为它的边境之后。封，疆界，这里用作动词。⑦[肆其西封]扩张西边的疆界。肆，延伸，扩张。⑧[阙秦]使秦国土地减少。阙，侵损、缩减。

子犯请击之。公曰："不可。微夫(fú)人之力不及此①。因人之力而敝之，不仁；失其所与，不知；以乱易整，不武。吾其还也。"亦去之。

【注释】①[微夫人之力不及此]没有那人的本事，到不了这个位置。晋文公在外流亡十九年，得到秦穆公的帮助才回国登上君位。微，没有。夫人，那个人，指秦穆公。

译文

晋文公、秦穆公包围郑国，因为郑国曾对晋国无礼，依附于晋国的同时还亲附楚国。晋国军队驻扎在函陵，秦国军队驻扎在氾南。

佚之狐对郑文公说："国家危险了，假如您能委派烛之武去见秦穆公，敌军一定会退走。"郑文公听从了他的意见。烛之武推辞说："我年轻的时候尚且不如别人，如今已经老了，更是无能为力了。"郑文公说："我没有及早任用您，如今形势危急才来求您，是寡人的过错。可是郑国灭亡了，对您也没有什么好处呀！"烛之武同意了。

夜晚，郑人用绳子把烛之武从城楼上吊下去。烛之武见到秦穆公，说："秦国、晋国包围攻打郑国，郑国已经知道自己快要灭亡了。假如灭掉郑国对您有好处，我又怎敢来劳烦您。越过其他的国家而以遥远的地方作为自己的边境，您知道这是很难办的，为何要灭掉郑国给邻国增加土地呢？邻国的实力增强，那么贵国的实力就相对削弱。如果不去灭掉郑国而把它作为东方道路上的补给站，那么贵国使者往来时，我们可以供给他们缺少的一切物品，对您也没有害处。况且，晋国国君曾经许诺要把焦、瑕两座城池给您，可他早上渡过黄河回国，晚上就开始修筑防御工事，这您也是知道的。晋国哪里会满足呢？晋国在东边想要将郑国作为领土，还打算到西边开疆拓土，如果不损害秦国，他将从哪里获得土地呢？损害秦国来使晋国得到好处，请您慎重考虑一下。"秦穆公很认同，与郑国结了盟，还派杞子、逢孙、杨孙驻守郑国，然后就撤兵回国了。

晋国子犯请求攻击秦军。晋文公说："不行，没有秦穆公的力量，我到不了今天。凭借别人的力量却去伤害他，这是不仁；失掉了同盟国家，这是不智；用冲突来代替和睦，这是不武。我们还是回去吧。"于是也回去了。

欣赏文言之美

相比于之前的几篇选文，本文同样呈现出叙事与言语记载并行的特点，但本文与前文的区别在于：国家人物关系更为复杂，叙事也一波三折，引人入胜。

全文共分四段，第一段简单介绍叙事背景：郑国曾经在两年前晋楚争霸中出兵助楚，从而得罪了晋国，面临晋国联合秦国的夹攻，国家危在旦夕。但此段特意未写郑国与秦国有何种直接矛盾，为后文事态发展埋下伏笔。第二段则说明郑国对策是请出大夫烛之武说服秦国退兵。而烛之武临危受命则再起风波，从推辞牢骚到郑文公自责，再到烛之武秉持大义为国做说客，情节复杂，人物形象饱满。第三段为本文主体部分，即烛之武如何说服秦国退军。本段说辞尤为精彩，首先，详尽说明保留郑国对于秦国在地缘上的利益。接着又层次推进，摆出秦晋两国看似交好实际上存在冲突的事实，从晋国曾经言而无信的历史劣行和现在咄咄逼人的霸主野心两个层

秦国和晋国之间的矛盾

文中，"君尝为晋君赐矣，许君焦、瑕，朝济而夕设版焉"一事具体情况是怎样的呢？其实，焦、瑕原本是晋国附近的两个小国，后来被晋国给灭掉了。后来晋国对楚国作战失败，请求秦国给予援助，并许诺成功以后将这两个地方赠予秦国。秦国果然出兵，楚国撤退，晋军回到自己国家以后就反悔了，在黄河岸边驻军并修筑防御工事，没有把那两块土地交给秦国。

面阐述晋国的威胁性，层次递进，有理有据，从而成功离间了秦、晋两国关系，使得秦国退军。第四段则切入第三方晋国的视角，写大夫子犯建议派兵报复秦国，故事情节再起波澜。晋文公在此讲了一番仁义立国治军的道理，突出所谓"武德"，不宜背叛盟友，于是也从郑国撤军。一场冲突最终消弭于无形。本文情节紧凑，寥寥几百字写就秦晋围郑、郑国大夫烛之武游说秦国退军、晋国欲报复秦国又退军这一系列起伏的情节，使得本文作为历史记叙而充满戏剧冲突，情节又前后照应，不失严谨，体现了高超的叙事艺术。

  从人物刻画方面来看，本文虽然不加褒贬，却写就了一群各有特色的人物：如面对危机秉持忠义的烛之武，追求利益的秦穆公，重视仁德、深谋远虑的晋文公等。特别是最后一段晋文公对退兵的陈述，既饱满了这次冲突的第三方形象，也从晋文公言辞中揭示出其时儒家所推崇的仁德思想，即以仁立国，以遵守信义为国家外交的前提。

屈原：伟大爱国诗人的悲剧

屈原（约前340—前278），芈姓，屈氏，名平，字原，又自称名正则，字灵均，战国时期楚国丹阳秭归（今湖北宜昌）人，是著名的诗人、政治家、辞赋家。他因为力主改革，触犯了楚国贵族阶层的利益而遭到诬陷，被驱逐流放。最终，楚国被秦军所破，屈原心灰意冷投身汨罗江，以身殉国。

在中国文学史上，屈原算是一个独领风骚的特别人物。他是我国第一位伟大的爱国诗人，也是中国浪漫主义文学的奠基人，有"辞赋之祖"的美称。他是"楚辞"的开创者和代表人物，开辟了"香草美人"的传统。并且，他的出现，标志着中国诗歌开始由集体歌唱发展为个人独创。然而屈原的一生却是一个让人叹惋至今的美丽悲剧。

出身贵族，博学多才

屈原出生于楚国丹阳的一个贵族家庭。他从幼年时候起就特别喜爱读书，涉猎书籍类目广而杂，加上家庭的良好影响，他从很小的时候就同情穷苦百姓，做了很多体恤百姓的好事，深得人们的赞誉和敬佩。

公元前321年，秦军侵犯楚国边境，屈原积极组织秭归当地青年奋力迎敌，他不仅亲自对那些青年进行思想教育，还巧妙运用各种战术，沉重地打击了敌人，体现出卓越的军事才能。

备受重用，官至高位

战国时期，西方的秦国实力最为强大，并且野心勃勃，时常进攻六国。名士苏秦提出合纵策略，即联合六国一同抗秦。屈原对这一策略深表认可，因而积极参与此事，与苏秦一起促成楚、齐、燕、赵、韩、魏六国君王齐聚楚国的京城郢都，结成联盟，并使楚怀王成了联盟的领袖。屈原因此得到了楚怀王的重用，楚国的很多内政、外交大事，都凭屈原做主。

由于深受楚怀王的信任和重视，屈原的官职一升再升，从一开始的一个小县丞一直做到了左徒、三闾大夫，并且常常被楚怀王召见一起商议国事，参与律法的制定等工作。为了富国强兵，屈原大力主张改革政治，联齐抗秦，提倡"美政"。经过屈原的不懈努力，楚国国力得到了很大的增强。

身受诬陷，被驱逐流放

处于政治权力旋涡的中心，屈原受到的不仅有楚怀王的青眼，还有一帮奸佞小人的嫉恨和仇视。这些人时常在楚怀王面前说屈原的坏话，说他独断专权，不把怀王放在眼里。这些话听得多了，楚怀王心中自然也就对屈原有了嫌隙。

那个时候，屈原极力主张楚国与齐国结盟，共同对付强秦。而秦国自然不会对此坐视不理，秦相张仪为了打破齐楚联盟，开始在楚国奔走活动，离间楚国人心。

他先是用重金奇玩贿赂楚国的一些权贵宠臣，包括楚国的令尹子兰、上官大夫靳尚，以及楚怀王的宠妃郑袖等人。然后又欺骗楚怀王说："假如楚国与齐国断绝关系，那么秦国愿意将商於一带六百多里土地献给楚王。"楚怀王听到张仪的许诺十分心动，尽管屈原极力劝谏，但他还是一意孤行与齐国断交，并且开始有意疏远屈原。后来，楚怀王派使者跟张仪同去秦国接收商於之地，但张仪回秦国后就假装生病谢客，三个月都不露脸。楚怀王以为张仪是在怀疑他和齐国断绝关系的态度不够坚定，于是又派人去将齐王辱骂了一通。齐王生气至极，就断绝了与楚的合纵，反而和秦国联手。这个时候，张仪才出面告诉楚使说："您怎么不接受土地呢？从某地到某地，广袤六里。"

六百里土地现在变成了六里，楚使十分生气，回来报告楚怀王。怀王大怒，先后两次出兵攻打秦国，可是两次都被秦军打败，不仅伤损了八万军队，并且大将军屈丐、裨将军逢侯丑等70余人被秦军俘获，汉中郡也被秦国攻陷，这就是历史上的"丹阳之战"。随后，秦国又派军队攻下了楚地汉中六百里土地，设置为汉中郡。

丹阳之战的次年，即公元前314年，屈原因上官大夫靳尚向楚怀王进谗言而被罢黜左徒之职，任三闾大夫。

公元前305年，屈原反对楚怀王与秦国订立黄棘之盟，但是楚怀王并不听从他的意见，还将他逐出了楚国的国都郢都。

公元前304年，屈原被放逐于汉北。

公元前296年，楚怀王被诱骗至秦国并遭囚禁至死。屈原被楚顷襄王免去三闾大夫之职，放逐江南。

公元前294年至公元前279年，屈原又被放逐到南方的荒僻地区。

满心绝望，自沉汨罗

楚国的妥协退让，并未换来秦国的休战。公元前278年，秦国大将白起带兵南下，一举攻破了楚国国都郢都，昏庸的楚顷襄王带着一帮贵族仓皇不堪地出逃。眼看着自己所热爱的土地和人民遭受强秦的战火和屠戮，屈原心如死灰。此时此刻，他的政治理想彻底破灭，除了胸中空有一颗报国之心，对于别的什么都无能为力。这一年的五月，极度苦闷的屈原选择以死明志，他绝望地怀抱着一块石头投向了汨罗江的江心。至此，中国文学史上这位独领风骚的伟大爱国主义和浪漫主义诗人，永久地消逝在了历史的长河之中，令人叹惋痛惜。

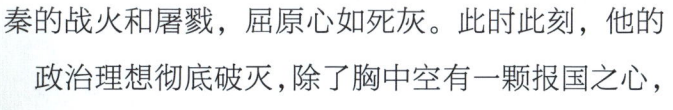

离骚（节选）

[战国] 屈原

小·档案

出　　处：《楚辞》。

名　　句：长太息以掩涕兮，哀民生之多艰。
　　　　　亦余心之所善兮，虽九死其犹未悔。
　　　　　路漫漫其修远兮，吾将上下而求索。

帝高阳①之苗裔②兮，朕③皇考④曰伯庸。

摄提贞于孟陬（zōu）兮⑤，惟庚寅⑥吾以降⑦。

皇览揆⑧余初度兮，肇⑨锡余以嘉名。

名余曰正则兮，字余曰灵均。

纷吾既有此内美⑩兮，又重⑪之以修能。

扈江离与辟芷兮⑫，纫秋兰以为佩⑬。

汨（gǔ）⑭余若将不及兮，恐年岁之不吾与⑮。

朝搴（qiān）⑯阰（pí）之木兰兮，夕揽洲之宿莽⑰。

日月忽⑱其不淹兮，春与秋其代序⑲。

惟⑳草木之零落兮，恐美人之迟暮㉑。

不抚㉒壮而弃秽兮，何不改乎此度㉓？

乘骐骥㉔以驰骋兮，来吾道㉕夫先路。

【注释】①[高阳]颛顼之号。②[苗裔]喻指子孙后代。③[朕]我。④[皇考]对亡父的尊称。⑤[摄提]太岁在寅时为摄提格。[贞]正。[孟]开始。[陬]正月。⑥[庚寅]指庚寅之日。⑦[降]降生。⑧[揆]推理揣度。⑨[肇]开始。⑩[内美]内在的美好品质。⑪[重]再。⑫[扈]楚方言，披挂。[江离、辟芷]均为香草名。

⑬ [纫] 草有茎叶可做绳索。[秋兰] 香草名，即泽兰，秋季开花。⑭ [汩] 水疾流的样子，形容时光飞逝。⑮ [不吾与] 即"不与吾"，不等待我。⑯ [搴] 拔取。⑰ [揽] 采摘。[宿莽] 草名，经冬不死。⑱ [忽] 迅速的样子。⑲ [代序] 指不断更迭。⑳ [惟] 思虑。㉑ [迟暮] 衰老。㉒ [抚] 趁。㉓ [此度] 指现行的政治法度。㉔ [骐骥] 骏马。㉕ [道] 通"导"，引导。

……

謇（jiǎn）吾法① 夫前修兮，非世俗之所服。
虽不周② 于今之人兮，愿依彭咸③ 之遗则。
长太息以掩涕兮，哀民生④ 之多艰。
余虽好修姱（kuā）⑤ 以鞿羁兮，謇朝谇（suì）而夕替⑥。
既替余以蕙纕（xiāng）⑦ 兮，又申⑧ 之以揽茝（chǎi）。
亦余心之所善兮，虽九死其犹未悔⑨。
怨灵修⑩ 之浩荡兮，终不察夫民心。
众女⑪ 嫉余之蛾眉兮，谣诼（zhuó）⑫ 谓余以善淫。
固时俗之工巧兮，偭（miǎn）⑬ 规矩而改错⑭。
背绳墨⑮ 以追曲兮，竞周容⑯ 以为度。
忳（tún）郁邑余侘傺（chà chì）⑰ 兮，吾独穷困乎此时也。
宁溘死以流亡⑱ 兮，余不忍为此态⑲ 也。
鸷鸟之不群⑳ 兮，自前世而固然。
何方圜之能周兮，夫孰异道而相安？
屈㉑ 心而抑志兮，忍尤而攘（rǎng）诟（gòu）㉒。
伏㉓ 清白以死直兮，固前圣之所厚㉔。

【注释】① [法] 效法。② [周] 合。③ [彭咸] 殷贤大夫，谏其君，不听，投江而死。④ [民生] 万民的生存。⑤ [修姱] 洁净而美好。⑥ [谇] 进谏。[替] 废。⑦ [纕] 佩带。⑧ [申] 重复。⑨ [悔] 怨恨。⑩ [灵修] 这里指楚怀王。⑪ [众女] 这里用来比喻群臣。⑫[谣]诋毁。[诼]诽谤。⑬[偭]违背。⑭[改]更改。[错]通"措",措施,这里指先圣之法。⑮[绳墨]正曲直之具。⑯[周容]苟合取容,指以求容媚为常法。⑰[侘傺]失志的样子。⑱[流亡]随水漂流而去。⑲[此态]苟合取容之态。⑳[不群]指不与众鸟同群。㉑[屈]委屈。㉒[尤]责骂。[攘]容忍。[诟]耻辱。㉓[伏]通"服",保持,坚守。㉔[厚]厚待。

悔相道①之不察兮,延伫乎吾将反。
回朕车以复路兮,及行迷之未远。
步余马于兰皋②兮,驰椒丘且焉止息。
进不入以离尤③兮,退将复修吾初服④。
制⑤芰荷以为衣兮,集芙蓉以为裳。
不吾知⑥其亦已兮,苟余情其信芳。
高余冠之岌岌兮,长余佩之陆离⑦。
芳与泽其杂糅兮,唯昭质其犹未亏。
忽反顾以游目⑧兮,将往观乎四荒。
佩缤纷其繁饰兮,芳菲菲其弥章⑨。
民生各有所乐兮,余独好修以为常⑩。
虽体解吾犹未变兮,岂余心之可惩⑪?
……
曾歔欷(xū xī)余郁邑兮,哀朕时之不当。
揽茹⑫蕙以掩涕兮,沾余襟之浪浪⑬。
跪敷⑭衽以陈辞兮,耿吾既得此中正⑮。
驷⑯玉虬以乘鹥(yì)兮,溘埃风余上征⑰。
朝发轫⑱于苍梧⑲兮,夕余至乎县圃⑳。
欲少留此灵琐㉑兮,日忽忽其将暮。
吾令羲和㉒弭节兮,望崦嵫(yān zī)㉓而勿迫。

路曼曼㉔其修远㉕兮，吾将上下而求索。

【注释】①[相道]观看。②[皋]水边的高地。③[尤]罪过。④[修吾初服]指修身洁行。⑤[制]裁制。⑥[不吾知]不了解我。⑦[陆离]修长而美好的样子。⑧[游目]纵目瞭望。⑨[章]明显。⑩[常]恒常之法。⑪[惩]惧怕。⑫[茹]柔软。⑬[浪浪]泪流不止的样子。⑭[敷]铺开。⑮[中正]治国的道理。⑯[驷]驾车。⑰[上征]上天远行。⑱[发轫]出发。⑲[苍梧]舜所葬之地。⑳[县圃]神山，在昆仑山之上。㉑[灵琐]神所在的地方。㉒[羲和]神话中的太阳神。㉓[崦嵫]神话中日所入之山。㉔[曼曼]路遥远的样子。㉕[修远]长远。

译文

我是上古之帝高阳氏的子孙，先父的名字叫伯庸。

在寅年的孟春月，正当庚寅日那天我出生了。

父亲认真揣摩了我的生辰，于是将美好的名字赐予我：

为我起的名字叫作正则，为我定下的字是灵均。

我已经拥有了这么多美好的品行，并且不断地加强自身的修养。

我把江离与芷草披在自己的肩上，又将秋兰结成索佩挂在身旁。

时间过得飞快我好像跟不上，害怕岁月匆匆不等待我。

早晨我在山坡上采集木兰，傍晚我又在小洲中摘取宿莽。

时光飞逝不能久留，四季不断循环更替。

想到草木正不断地凋谢零落，不禁担忧美人也会渐渐衰老。

何不利用盛年抛弃秽政，为何还不将这些法度进行更改？

骑上千里马纵横驰骋吧，来呀，让我在前面为您开路！

……

我向古代的圣贤学习啊，这并非世间俗人可以做到的。

我虽然不被容于现在的人，但我愿依照彭咸的遗教去做。

读懂 小古文 爱上 大语文

揩着眼泪啊长长地叹息，可怜人生道路竟是如此艰难。

我虽爱好修洁严于责己，但还是早晨进谏傍晚就遭到了罢免。

他们攻击我佩戴蕙草啊，又指责我喜欢采集茝兰。

这便是我心中所追求的东西，即使为此死很多次我也不后悔。

怨就怨楚王是如此糊涂啊，他始终无法体察别人的拳拳之心。

那些女人妒忌我姣好的容貌，造谣诬蔑说我妖艳好淫。

庸人原本就擅长投机取巧，背弃规矩并且又改换政策。

违背是非标准以求邪曲，争着苟合取悦当作法则。

忧愁烦闷啊我失落难安，孤独穷困如今是多么艰难。

宁可立即死去魂魄离散，媚俗取巧啊我是绝不会干。

雄鹰不同那些燕雀同群，自古以来原本就是如此。

方和圆如何能够相配，志向不同怎么能够相安？

我愿委曲心志压抑情感，我愿承担一切斥责咒骂。

保持清白节操死于直道，这原本就是古代圣贤所称赞的。

后悔当初没有看清前路，犹豫了一阵我又将回头。

调转我的车原路回去啊，趁着迷途未远赶紧停下。

我打马在兰草水边行走，跑上椒木小山稍做停留。

既然进取不成反而获罪，那就回来重修我的旧服。

我要把菱叶裁剪成上衣，并用荷花织就我的下裳。

没有人了解我也就算了，只要内心真正馥郁芳柔。

把我的帽子加得高高的，把我的佩带增得长长的。

虽然芳洁污垢杂混一处，但品质纯洁就不会腐朽。

我忽然回首啊纵目远眺，将游观那四面的遥远地方。

佩着五彩缤纷的华丽装饰，散发出一阵阵馥郁的香味。

人们都有自己独特的爱好啊，我只爱好修饰习以为常。

即使粉身碎骨也不改变，难道我能受警戒而彷徨。

……

我哭声不断绝啊，心中烦恼忧伤，哀叹自己没有生在美好的盛世。

手揽柔软蕙草擦拭眼泪，热泪滚滚打湿了我的衣裳。

将衣襟铺开跪着慢慢陈说，我已获得了正道，心里感到敞亮。

驾着玉虬啊乘着凤车，在风尘掩翳中就飞上了高天。

早晨从南方的苍梧出发，傍晚就抵达了昆仑山。

我本想在灵琐稍做停留，可是太阳已经西沉暮色苍茫。

我命令羲和停鞭慢慢走啊，不要让太阳逼近崦嵫山旁。

前面的道路呀悠远又漫长，我将不停地上下追求探索。

欣赏文言之美

第一部分内容是《离骚》的开篇，作者用自己的出身——古帝高阳氏的子孙，降生的美好生辰——寅年孟春庚寅日，以及父亲为他所取的美好的名字——名正则字灵均，表明了自己的与众不同，为下文叙述自己高洁美好的品性和修养做好了铺垫。接下来，作者描写自己自幼就努力修养品性和才能，希望能够报效楚国、辅助楚怀王进行政治改革的美好愿望。

在第二部分文字中，作者描述了自己遭受挫折，但依然坚持追求心中向往的坚决态度——即使为此而死很多次也绝不后悔。同时，作者也表达了对楚怀王昏昧的埋怨，自己的一片赤诚之心不仅不被理解，反而还遭到小人谗言陷害，可见作者心中的苦闷之深，引人凄恻。在选段的最后，作者坚定地表明心志，就算是无人理解也罢，依然要坚持自己高洁的品行和操守。

在第三部分中，作者讲述自己生逢污浊之世，感到悲伤烦恼，思索之时不禁热泪滚滚而下。当他再次努力求索时，却一直没有得到任何结果。该选段便是对作者仔细寻路的描写，由此可见作者求索不止的决心。

渔父

[战国] 屈原

小档案

出　　处：《楚辞》。
名　　句：举世皆浊我独清，众人皆醉我独醒。

屈原既①放，游于江潭，行吟泽畔，颜色②憔悴，形容③枯槁。渔父见而问之曰："子非三闾大夫④与？何故至于斯？"屈原曰："举世皆浊我独清，众人皆醉我独醒，是以见放⑤。"

【注释】①[既]已经。②[颜色]面色，脸色。③[形容]形体和容貌。④[三闾大夫]掌管楚国王族屈、景、昭三姓事务的官职。⑤[见放]被放逐。

渔父曰:"圣人不凝滞于物,而能与世推移。世人皆浊,何不淈(gǔ)①其泥而扬其波?众人皆醉,何不餔(bū)②其糟③而歠(chuò)④其酾(lí)⑤?何故深思高举⑥,自令放为?"

【注释】①[淈]搅浑。②[餔]吃。③[糟]酒糟。④[歠]饮。⑤[酾]通"醨",薄酒。⑥[高举]高出世俗的行为。举,举动,行为。

屈原曰:"吾闻之:新沐①者必弹冠,新浴②者必振衣。安能以身之察察③,受物之汶(mén)汶④者乎?宁赴湘流,葬于江鱼之腹中。安能以皓皓⑤之白,而蒙世俗之尘埃乎?"

【注释】①[沐]洗头。②[浴]洗身,洗澡。③[察察]皎洁的样子。④[汶汶]污浊。⑤[皓皓]洁白的或高洁的样子。

渔父莞尔①而笑,鼓枻(yì)②而去。歌曰:"沧浪③之水清兮,可以濯④吾缨⑤;沧浪之水浊兮,可以濯吾足。"遂去,不复与言。

【注释】①[莞尔]微笑的样子。②[鼓枻]摇摆着船桨。枻,船桨。③[沧浪]水名,汉水的支流,在湖北境内。④[濯]洗。⑤[缨]系帽的带子,在领下打结。

译文

屈原已经被放逐,在沅江边上游荡。他在江边一边走一边唱,面容憔悴,身形枯瘦。渔父看到他问道:"您不是三闾大夫么,为什么落到这个地步呢?"屈原说:"天下都是浑浊不堪的,唯有我一个人清澈透明;世人都迷醉了,只有我保持清醒,因此遭到放逐。"

渔父说:"圣人对待事物不会那么死板不知变通,而能跟随世道一起变化。世上的人都肮脏,那为什么不将浑泥浊水搅扬起浊波;大家都迷醉了,为什么不随他们一起吃些酒糟并且大喝其酒?为什么想得那么高深而又自命清高,以致让自己遭到放逐?"

读懂 小古文 爱上 大语文

屈原说:"我听说,刚洗过头一定要将帽子弹一弹,刚洗过澡一定要将衣服抖一抖。怎能让清白的身体去接触世俗尘埃的污染呢?我宁愿跳入湘江,葬身在江鱼腹中。怎么可以让这满心的晶莹剔透的纯洁,蒙蔽世俗的尘埃呢?"

渔父听了,轻轻一笑,摇起船桨离开了。唱道:"沧浪之水清又清啊,可以用来洗我的帽缨;沧浪之水浊又浊啊,可以用来洗我的脚。"就远去了,不再与屈原讲话。

欣赏文言之美

本文讲述了屈原遭受放逐以后,在沅江边上游荡,遇到一个渔父的故事。在这个故事里,渔父所持的"随波逐流"的人生态度与屈原"举世皆浊我独清,众人皆醉我独醒"的人生态度形成了鲜明的对比,使人深切地感受到屈原不与世俗同流合污、宁死也要保持清白之身的高尚品格。

宋玉：楚辞与汉赋的承上启下者

宋玉（前298—前222），字子渊，战国时期宋国公子，因与父亲有矛盾而离宋到楚，做了楚国士大夫。宋玉擅辞赋，代表作品有《九歌》《九辩》《招魂》《风赋》《高唐赋》《神女赋》《登徒子好色赋》《对楚王问》等，其在辞赋方面的成就非常高。宋玉的成就虽然不及屈原，但是他可以称得上是屈原诗歌艺术的直接继承者，因此后人也将二人并称。宋玉的作品对物象的描绘呈现出细腻工致的趋向，并且抒情与写景融合巧妙，可以说是上承楚辞下接汉赋的过渡者。

对楚王问

[战国] 宋玉

小·档案

出　处：《古文观止·楚辞》。
名　句：其曲弥高，其和弥寡。

楚襄王问于宋玉曰："先生其有遗行①与？何士民众庶②不誉之甚也？"
【注释】①[遗行]有失检点的品行。②[众庶]庶民，众民。

宋玉对曰："唯，然，有之。愿大王宽其罪，使得毕其辞。

"客有歌于郢①中者，其始曰《下里》《巴人》②，国中属而和者数千人；其为《阳阿》《薤（xiè）露》③，国中属而和者数百人；其为《阳春》《白雪》④，国中有属而和者，不过数十人；引商刻羽，杂以流徵⑤，国中属而和者，不过数人而已。是其曲弥⑥高，其和弥寡。

【注释】①[郢]楚国的国都，在今湖北江陵西北。②[《下里》《巴人》]楚国

65

的民间通俗乐曲。③［《阳阿》《薤露》］楚国比较高雅的乐曲。④［《阳春》《白雪》］楚国高雅的歌曲。⑤［引商刻羽，杂以流徵］古代有五声，即宫、商、角、徵、羽，后又增加了变徵、变宫，成为七声。这里用音级的复杂来形容音乐技巧的高超。⑥［弥］愈，越。

"故鸟有凤而鱼有鲲①。凤凰上击九千里，绝②云霓，负苍天，翱翔于杳冥之上；夫蕃篱之鷃（yàn）③，岂能与之料天地之高哉！鲲鱼朝发昆仑之墟④，暴鬐（qí）于碣石⑤，暮宿于孟诸⑥。夫尺泽之鲵（ní）⑦，岂能与之量江海之大哉！

【注释】①［鲲］古代传说中的一种大鱼。②［绝］尽，穷。③［鷃］一种小鸟。④［墟］山脚。⑤［暴鬐于碣石］暴，暴露。鬐，鱼脊。碣石，渤海边上的一座山。⑥［孟诸］古代大泽名，在今河南商丘东北、虞城西北。⑦［鲵］小鱼。

"故非独鸟有凤而鱼有鲲也，士亦有之。夫圣人瑰意琦行①，超然独处。夫世俗之民，又安知臣之所为哉！"

【注释】①［瑰意琦行］卓越的思想、美好的操行。

译文

楚襄王问宋玉说："先生恐怕有不检点的行为吧？为什么士人百姓对你非议得那么厉害呢？"

宋玉回答说："是的，确实有这种情况。希望大王宽恕我的罪过，允许我来解释自己的过错。

"有个人来到国都唱歌，一开始他唱的是《下里》《巴人》，都城里跟着他唱和的有几千人。后来他唱《阳阿》《薤露》，都城里跟着他唱和的有几百人。再后来他唱《阳春》《白雪》的时候，都城里跟着他唱和的不过几十人。最后，他引其声而为商音，压低其声而为羽音，还将流动的徵声夹杂运用其中时，都城里跟着他唱和的只有几个人罢了。如此看来，歌曲越是高雅，跟着唱和的人也就越少。

"所以鸟类中有凤凰,鱼类中有大鲲。凤凰展翅高飞于九千里长空,穿越云霓,背负着苍天,翱翔在那极高极远的天上;那跳跃在篱笆下面的小鹦雀,岂能和凤凰一样知道天地的高大!鲲鱼早上从昆仑山脚下出发,中午在渤海边的碣石山上晾晒脊背,夜晚留宿在孟诸;那一尺来深的水塘里的小鲵鱼,哪里可以和它一起去测知江海的广阔!

"因此不单是鸟类中有凤凰,鱼类中有鲲鱼,士人之中也有杰出的人才。圣人的伟大志向和美好品行,超出常人而独自存在,这世上一般的普通人,又怎能理解我的所作所为呢?"

欣赏文言之美

本文通过宋玉回答楚王的质问,表现了其遗世独立、不与流俗苟同的形象,同时也表现了他在仕途上的失意,以及楚顷襄王在位时贤人遭受谗言的现实。文章先是以曲喻人,再用"曲"与"和"进行对比,然后以"凤凰""鹦""鲵"做比照,从而表明自己超然独立的高尚情操与德行。

吕不韦：谋略口才第一流

吕不韦（前292—前235），卫国濮阳（今河南安阳滑县）人。战国末期富商、政治家、思想家，后官至秦国丞相。主持编纂了《吕氏春秋》，成书后，悬挂在国门之上，对外宣称能改动一字者赏千金。

在中国历史上，吕不韦可以称得上一个奇人了，他凭借着自己出类拔萃的谋略和口才，以一己之力就谋得了"一人之下，万人之上"的高位和一辈子享不尽的荣华富贵，同时他胸中的大谋划、大计策也极大地改写了秦国的历史。

独具慧眼，奇货可居

早年，吕不韦在阳翟（今河南禹州）经商，他辗转各地挑选货品，以低买高卖的方式逐渐积累起千金家产，成了当地有名的富商。

对于吕不韦来说，他生平最引以为豪的"货品"是秦国质子子楚。当年，吕不韦去赵国邯郸做生意，巧遇秦国质子子楚。吕不韦欣喜地说："子楚就像一件奇货，可以囤积居奇，以待高价售出。"打定主意以后，吕不韦就开始了自己的谋划。

公元前267年，秦国悼太子亡故，秦昭襄王将次子安国君立为太子。安国君有位宠妃华阳夫人，她虽被立为正夫人，却没有子嗣。质子子楚也是安国君的儿子，但因为其母夏姬不受宠爱而被忽视。

吕不韦先赠给子楚五百金作为日常开销，他自己则选购珍奇玩物，带上去秦国游说。吕不韦将珍宝都献给华阳夫人，顺便提到子楚聪明贤能，将夫人视作亲生母亲一般敬重和挂念。华阳夫人自然十分高兴。吕不韦趁势说服华阳夫人收子楚为继承人，这样即便她将来年老色衰，照样可以在秦国延续尊宠。这些话正中华阳夫人下怀，她选择合适的时机对安国君提出此想法，并得到安国君的应允。最终，子楚被立为继承人，安国君和华阳夫人赏赐许多礼物给子楚，并延请吕不韦做他的老师。为了保险起见，吕不韦还进献一名色艺双全的女子赵姬给子楚，她后来生下了嬴政。

拜为秦相，权倾天下

公元前251年，秦昭襄王驾崩，太子安国君成为新君，华阳夫人顺理成章地做了王后。说起来，似乎是老天都在帮吕不韦——安国君继任新君后守孝一年，正式加冕的第四天就因病暴毙，子楚顺利地登上了王位，也就是秦庄襄王。庄襄王将华阳王后奉为华阳太后。

公元前249年，吕不韦终于实现了自己多年的苦心谋划，登堂拜相，被封为文信侯，河南洛阳十万户都是他的食邑。

庄襄王即位三年以后也不幸驾崩，太子嬴政继任为王，其生母赵姬被尊为太后，吕不韦被尊为相邦，秦王嬴政称其为"仲父"。此时，吕不韦可以说是权倾天下，呼风唤雨了。

遭受牵连，饮鸩自杀

秦王嬴政逐渐长大，太后的行为却一直不检点。吕不韦怕事情败露，灾祸降临在自己头上，就安排嫪毐冒充宦官入宫，进献给赵太后。赵太后十分宠爱嫪毐，还偷偷和他生下了两个儿子，嫪毐本人的权势也很大，光是他招揽的门客就有上千人。后来，这件事被人告发，嫪毐被灭了三族，连赵太后生下的两个儿子也被处死。吕不韦终究还是受到牵连，相邦职务被免去，后来被遣出咸阳城，回到河南的封地。

之后，吕不韦在河南的封地与各诸侯国的宾客使者交往频繁。秦王知道后十分生气，于是将吕不韦及其家属全部流放到蜀地。吕不韦感到心灰意冷，他知道自己迟早有一天会被处死，于是喝下毒酒，自杀而亡。

伯牙鼓琴

小档案

出　处：《吕氏春秋·本味》。

名　句：伯牙破琴绝弦，终身不复鼓琴，以为世无足复为鼓琴者。

伯牙鼓①琴，钟子期听②之。方鼓琴而志在太山③，钟子期曰："善哉④乎鼓琴，巍巍⑤乎若⑥太山。"少选⑦之间而志在流水⑧，钟子期又曰："善哉乎鼓琴，汤汤（shāng shāng）⑨乎若流水。"钟子期死，伯牙破琴绝⑩弦，终身不复鼓琴，以为世无足复为鼓琴者。

【注释】①[鼓]弹奏。②[听]倾听。③[志在太山]心中想到高山。太山，泛指大山、高山。一说指东岳泰山。④[善哉]赞美之词，有夸奖的意思。善，好。⑤[巍巍]高。⑥[若]像……一样。⑦[少选]一会儿，不久。⑧[志在流水]心里想到河流。⑨[汤汤]水流大而急的样子。⑩[绝]断绝。

译文

伯牙弹琴，钟子期听着他弹。伯牙弹琴意在高山，钟子期说："你弹得真好呀！我好似看到了巍峨的大山。"没过多久，伯牙琴声流转，意在流水，钟子期又说："你弹得真好呀，仿佛那奔腾不息的江水。"钟子期去世以后，伯牙摔琴断弦，从此不再弹琴，他认为世上再没有人值得他为之弹琴了。

欣赏文言之美

人生短暂，知音难觅，纯真的友谊建立在互相理解的基础上。而俞伯牙与钟子期的故事便是对纯真友谊最好的诠释了。"伯牙绝弦"是自古以来人们结交朋友的楷模，正是因为这一故事，中华民族高尚的人际关系与友情的标准才得以确立。

千古绝唱，万世不息：先秦古文（下卷）

读懂 小古文 爱上 大语文

穿井得一人

小·档案

出　处：《吕氏春秋·察传》。
名　句：求闻之若此，不若无闻也。

宋①之丁氏，家无井而出溉汲②，常一人居③外。及其家穿井，告人曰："吾穿井得一人。"有闻而传之者："丁氏穿井得一人。"国人④道⑤之，闻⑥之于宋君。宋君令人问之于丁氏，丁氏对⑦曰："得一人之使⑧，非得一人于井中也。"求闻之若此，不若无闻也。

【注释】①［宋］西周及春秋战国时期诸侯国，在今河南商丘一带。②［溉汲］打水浇田。汲，从井里取水。③［居］停留。④［国人］指居住在国都中的人。⑤［道］讲述。⑥［闻］使……听到。⑦［对］应答，回答。⑧［得一人之使］得到一个人使唤，也就是得到一个人的劳力。

译文

宋国有一户姓丁的人家,家里没有水井,只能到很远的地方去打水浇田,所以常常派家里的一个人留在外面打水。等到他家打了水井的时候,丁氏对别人说:"我家打了这口水井就像得到了一个人。"听到这话的人就出去传播说:"丁氏挖井挖到了一个人。"国都的人都在议论这件事,结果就传到了宋国国君的耳中。宋国国君派人向丁氏问明情况,丁氏回答说:"是得到一个人的劳力,而不是从井中挖出来一个人啊!"听到这样的传闻,还不如不听。

欣赏文言之美

这则寓言故事告诉我们,凡事都要调查研究,认真辨别,才能搞清楚事情的真相。耳听为虚,眼见为实。谣言通常是失实的,不可轻信,只有细心观察、研究,深入分析,才能获得正确的答案,否则就会闹出笑话。

读懂 小古文 爱上 大语文

李斯：善于审时度势的权谋家

李斯（？—前208），战国末年楚国上蔡（今河南上蔡）人，秦朝著名政治家、文学家和书法家。李斯在很年轻的时候就立下宏愿，希望干出一番事业来。为了让自己飞黄腾达，李斯辞去小吏的工作，到齐国拜荀卿为师。完成学业之后，李斯对各国的形势进行了一番对比和分析，最终选定去秦国。抵秦以后，他先是做了吕不韦的舍人，后来被拜为客卿。秦王统一六国后，李斯从廷尉一直做到了丞相。始皇帝驾崩后，李斯被赵高诬陷谋反，在咸阳市腰斩，并被灭了三族。

谏逐客书

[战国] 李斯

小·档案

出　处：《史记·李斯列传》。

名　句：太山不让土壤，故能成其大；河海不择细流，故能就其深。

臣闻吏议逐客，窃以为过矣。昔缪（mù）公[1]求士，西取由余于戎[2]，东得百里奚于宛（yuān）[3]，迎蹇叔于宋[4]，来丕豹、公孙支于晋[5]。此五子者，不产于秦，而缪公用之，并[6]国二十，遂霸西戎。孝公用商鞅之法[7]，移风易俗，民以殷盛[8]，国以富强，百姓乐用[9]，诸侯亲服，获楚、魏之师[10]，举[11]地千里，至今治强[12]。惠王用张仪之计[13]，拔三川之地[14]，西并巴、蜀[15]，北收上郡，南取汉中，包九夷[16]，制鄢、郢[17]，东据成皋之险，割膏腴之壤，遂散六国之从⑱，使之西面事秦，功施（yì）⑲到今。昭王得范雎，废穰侯，逐华阳，强公室⑳，杜私门㉑，蚕食诸侯，使秦成帝业。此四君者，皆以客之功。由此观之，客何负于秦哉！向使㉒四君却客而不内，疏士而不用，是使国无富利之实而秦无强大之名也。

【注释】①［缪公］即秦穆公。②［西取由余于戎］由余，原为戎王的臣子，后入秦，为秦穆公重用，帮助秦国攻灭西戎众多小国，称霸西戎。戎，古代对西部各少数民族的称呼。③［东得百里奚于宛］百里奚，原为虞大夫，虞亡时为晋所俘，作为晋献公女陪嫁之奴入秦。后逃亡到楚国宛（今河南南阳）地，为楚人所俘。秦穆公知道他有才能，以五张羊皮将他赎回，授以国政，号"五羖（gǔ）大夫"。④［迎蹇叔于宋］蹇叔，百里奚的朋友，有才能。因百里奚举荐，秦穆公请他入秦，委任其为上大夫。⑤［来丕豹、公孙支于晋］丕豹，晋国大夫丕郑之子。丕郑被晋惠公杀死之后，丕豹投奔秦国，被秦穆公委任为大夫。公孙支，秦大夫。来，招致、招揽。⑥［并］兼并，吞并。⑦［孝公用商鞅之法］孝公，即秦孝公，战国时秦国国君。他任用商鞅实行变法，使秦国日益富强，奠定了日后统一天下的基础。⑧［殷盛］殷实，富裕。⑨［乐用］乐于为用。⑩［获楚、魏之师］指战胜楚国、魏国的军队。⑪［举］攻克，占领。⑫［治强］安定强盛。治，社会安定。⑬［惠王用张仪之计］惠王，即秦惠王，他任张仪为相，采取连横策略，屡败魏、韩、赵、楚等国，降服巴、蜀，取得许多土地，使秦国更为强盛。⑭［拔三川之地］攻取三川之地。拔，攻取。三川之地，指黄河、洛水、伊水相交之地。⑮［巴、蜀］巴，指巴国，在今四川东部和重庆一带；蜀，指蜀国，在今四川中部偏西一带。⑯［包九夷］吞并九夷之地。⑰［制鄢、郢］控制楚国鄢、郢之地。⑱［散六国之从］拆散六国结成的合纵之盟。从，同"纵"。⑲［施］延续。⑳［公室］王室。㉑［杜私门］抑制豪门贵族的势力。杜，堵塞，封闭。私门，指权贵大臣之家。㉒［向使］假使。

今陛下致昆山①之玉，有随、和之宝②，垂明月之珠，服太阿之剑③，乘纤离④之马，建翠凤之旗⑤，树灵鼍（tuó）⑥之鼓。此数宝者，秦不生

读懂 小古文 爱上 大语文

一焉,而陛下说⁷之,何也?必秦国之所生然后可,则是夜光之璧不饰朝廷,犀象之器⁸不为玩好,郑、卫之女不充后宫,而骏良䮄騠(jué tí)⁹不实外厩,江南金锡不为用,西蜀丹青⁰不为采。所以饰后宫、充下陈⑪、娱心意、说耳目者,必出于秦然后可,则是宛珠⑫之簪、傅玑之珥(ěr)⑬、阿缟⑭之衣、锦绣之饰不进于前,而随俗雅化佳冶⑮窈窕赵女不立于侧也。夫击瓮叩缶(fǒu)⑯,弹筝搏髀(bì)⑰,而歌呼呜呜快耳者,真秦之声也;《郑》《卫》《桑间》,《昭》《虞》《武》《象》者,异国之乐也。今弃击瓮叩缶而就《郑》《卫》,退弹筝而取《昭》《虞》,若是者何也?快意当前,适观⑱而已矣。今取人则不然,不问可否,不论曲直,非秦者去,为客者逐。然则是所重者在乎色、乐、珠玉,而所轻者在乎人民⑲也。此非所以跨海内、制诸侯之术也。

【注释】①[昆山]昆仑山,古代以出产美玉而闻名。②[随、和之宝]随侯珠与和氏璧。③[服太阿之剑]佩带太阿剑。服,佩带。太阿,古剑名,相传为春秋时著名工匠欧冶子、干将所铸。④[纤离]骏马名。⑤[建翠凤之旗]竖起以翠羽装饰的凤形旗帜。⑥[灵鼍]即扬子鳄,古人认为有灵性,皮可蒙鼓。⑦[说]通"悦",喜爱。⑧[犀象之器]用犀牛角和象牙制成的器具。⑨[䮄騠]骏马名。⑩[西蜀丹青]蜀地出产的丹青颜料。⑪[下陈]古代殿堂下放置礼品、婢妾站列的地方。⑫[宛珠]宛地出产的宝珠。⑬[傅玑之珥]镶嵌着珠子的耳饰。傅,附着、加上。⑭[阿缟]

古代齐国东阿所产的细绢。⑮[佳冶]娇美妖冶。⑯[击瓮叩缶]敲击瓮、缶来奏乐。这是秦国的风俗。⑰[搏髀]唱歌时拍打大腿以应和节奏。髀，大腿。⑱[适观]适于观听。⑲[人民]和下文的"众庶"一样，指百姓。

　　臣闻地广者粟多，国大者人众，兵强则士勇。是以太山不让土壤，故能成其大；河海不择①细流，故能就②其深；王者不却③众庶，故能明其德。是以地无四方，民无异国，四时充④美，鬼神降福，此五帝三王之所以无敌也。今乃弃黔首以资敌国，却宾客以业⑤诸侯，使天下之士退而不敢西向，裹足不入秦，此所谓"藉寇兵而赍（jī）⑥盗粮"者也。

【注释】①[择]同"释"，舍弃。②[就]成就。③[却]推辞、拒绝。④[充]丰裕，繁盛。⑤[业]使……成就霸业。⑥[赍]送给，付与。

　　夫物不产于秦，可宝者多；士不产于秦，而愿忠者众。今逐客以资敌国，损民以益仇，内自虚而外树怨于诸侯，求国无危，不可得也。

译文

　　我听说官吏在商议驱逐外来宾客这件事，我自以为这种做法是错误的。从前，穆公为了寻求贤士，西边从西戎请来了由余，东边从宛地得到了百里奚，从宋国迎来了蹇叔，从晋国招来了丕豹、公孙支。这五位先生，都不是秦国人，可穆公重用他们，由此兼并了二十多个小国，于是称霸西戎。孝公采用商鞅的新法，移风易俗，人民因此富裕，国家因此富强。百姓乐意为国效力，诸侯亲附归服。秦国战胜楚国、魏国的军队，扩展疆域上千里，至今国家安定强盛。惠王采纳张仪的计策，攻下三川地区，西进兼并巴、蜀之地，北上收得上郡，南下夺取了汉中，席卷九夷各部，控制了楚国的鄢、郢之地，东面占据成皋天险，割取别国肥沃的田地，于是拆散了六国的合纵同盟，使他们向西来侍奉秦国，功业一直延续到现在。昭王得到范雎，废黜穰侯，驱逐华阳君，加强了朝廷的权力，遏制了王室权贵的势力，一步步蚕食诸侯领土，使秦国成就了帝王的大业。这四位君主，都依靠了外来人的功劳。由此看来，外来宾客有什么对不住秦国的地方呢！倘若当初这四位君主拒绝远客而不予接纳，疏远贤士而不加任用，这就会使国家没有雄厚的实力，而秦国也就没有强大的威名了。

　　如今陛下收罗到昆山的美玉，拥有随侯之珠、和氏之璧这样的珍宝，衣饰上缀着光如明月的宝珠，身上佩着太阿宝剑，乘坐的是名贵的纤离马，竖立的是以翠凤羽毛为装饰的旗子，陈设的是蒙着灵鼍之皮的好鼓。这些宝贵之物，没有一样是产自秦国的，而陛下却很喜欢它们，这是为什么呢？如果必须是秦国出产的才被允许使用，那么这种夜光宝玉，绝不会成为宫廷的装饰；犀角、象牙雕成的器物，也不会成为陛下的玩赏之物；郑、卫二地能歌善舞的女子，也不会填满陛下的后宫；北方的骏马駃騠，绝不会被养到陛下您的马房；江南的金锡不会被用来制作器具，西蜀的丹青颜料也不被用来增光添彩。您所用以装饰后宫、广充侍妾、爽心快意的器物，悦人耳目的音乐绘画等，如果都要是秦国生长、生产的才可以使用的话，那么这些镶嵌着宛珠的簪子、缀有小珠的耳坠、东阿白绢做成的衣服、锦绣绣成的装饰品，就不可能被进献到陛下您面前；那些打扮入时、妖冶窈窕的赵国美女，也不会立于陛下的身旁。那敲击瓦器，拍髀弹筝，呜呜呀呀地歌唱能快人耳目的，确实真是秦国本地的音乐；那《郑》《卫》《桑间》的歌声，《韶》《虞》《武》《象》等乐曲，都是其他国家的音乐。如今陛下抛弃了秦国地道的敲击瓦器的音乐，而去听《郑》《卫》淫靡悦耳之音，不听秦筝而要听《韶》《虞》，像这样做是为什么呢？难道不是因为外国音乐可以快意，宜于欣赏吗？可陛下在用人方面却不是这样，不问可用不可用，不管是非曲直，凡不是秦国的人就要离开，凡是外来的人都要驱逐。这样做只能说明，陛下所看重的只是女色、音乐、珠宝、美玉；而所轻视的，却是百姓。这可不是能用来驾驭天下，制伏诸侯的方法啊！

我听说，田地广阔粮食就充足，国家强大百姓人数就众多，武器精良士兵就骁勇。因此，泰山不拒绝一点点的泥土，才能成就它的高大；江河湖海不舍弃任何的细流，因此可以成就它的深广；帝王不会离弃一切的百姓，因此可以彰明他的恩德。所以，土地不分东西南北，百姓不论哪个国家，四季都富裕美满，天地鬼神都来赐福，这就是三皇五帝没有人可与之匹敌的原因。如今抛弃百姓使之去帮助敌国，拒绝宾客使之去侍奉诸侯，使天下的贤士退却而不敢向西，止步于秦国的国门，这就是所说的"借武器给敌寇，送粮食给盗贼"啊。

那物品并不产在秦国，而可宝贵的却非常多；贤士不是土生土长的秦人，愿意效忠的也非常多。现在驱逐宾客来资助敌国，减少百姓来充盈仇人，在内部自己造成空虚而在外部又于诸侯中形成怨恨，想要谋求国家不存在危难，是办不到的啊。

欣赏文言之美

《谏逐客书》是李斯给秦王上的一道奏章，原因是，韩国阴谋派水工郑国来到秦国修灌溉渠，以此来消耗秦国国力之事败露，秦国宗室贵族向秦王上谏言驱逐一切客卿，李斯也在被驱逐之列。而李斯的这道奏章呈给秦王以后，秦王下令取消了逐客令。在文章中，作者围绕"驱逐客卿不是统一天下、制伏诸侯所应采取的方法"这一主旨展开，从古至今，由物及人，摆事实，讲道理，排比铺陈，反复论证，最终令秦王猛然警醒，可见说服力之强。

读懂 小古文 爱上 大语文

《战国策》：记录战国风云

《战国策》是一部国别体史书，记载了西周国、东周国及秦、齐、楚、赵、魏、韩、燕、宋、卫、中山各国游说之士的政治主张和言行策略，记事年代始于战国初年，止于秦灭六国，大约横跨240年的历史。《战国策》作者不详，成书时间不确切。现行版本由西汉文学家刘向编订。他删去了原书中荒诞不经的内容，按国别重新编排，并将其定名为《战国策》。

邹忌讽齐王纳谏

[西汉] 刘向

小档案

出　　处：《战国策·齐策一》。

名　　句：宫妇左右莫不私王，朝廷之臣莫不畏王，四境之内莫不有求于王：由此观之，王之蔽甚矣。

邹忌修八尺有余，而形貌昳(yì)丽①。朝服衣冠②，窥镜，谓其妻曰："我孰③与城北徐公美？"其妻曰："君美甚，徐公何能及君也？"城北徐公，齐国之美丽者也。忌不自信，而复问其妾曰："吾孰与徐公美？"妾曰："徐公何能及君也？"且日④，客从外来，与坐谈，问之客曰："吾与徐公孰美？"客曰："徐公不若君之美也。"明日徐公来，孰⑤视之，自以为不如；窥镜而自视，又弗如远甚⑥。暮寝而思之，曰："吾妻之美我者⑦，私⑧我也；妾之美我者，畏我也；客之美我者，欲有求于我也。"

【注释】①[昳丽] 光艳美丽。②[朝服衣冠] 早晨穿戴好衣帽。服，穿戴。③[孰]

谁，哪一个。④［旦日］明日，第二天。⑤［孰］同"熟"，仔细。⑥［弗如远甚］远远不如。⑦［美我者］以我为美。⑧［私］偏爱。

于是入朝见威王，曰："臣诚知不如徐公美。臣之妻私臣，臣之妾畏臣，臣之客欲有求于臣，皆以美于徐公①。今齐地方②千里，百二十城，宫妇③左右④莫不私王，朝廷之臣莫不畏王，四境之内⑤莫不有求于王：由此观之，王之蔽⑥甚矣。"

【注释】①［皆以美于徐公］都认为我比徐公美。以，认为。②［方］方圆纵横。③［宫妇］宫中的姬妾。④［左右］国君身边的近臣。⑤［四境之内］全国之内的人。⑥［蔽］蒙蔽，这里指遭受蒙蔽。

王曰："善。"乃下令："群臣吏民能面刺①寡人之过者，受上赏；上书谏寡人者，受中赏；能谤讥于市朝②，闻寡人之耳者，受下赏。"令初下，群臣进谏，门庭若市；数月之后，时时而间进③；期（jī）年④之后，虽欲言，无可进者。燕、赵、韩、魏闻之，皆朝于齐⑤。此所谓战胜于朝廷⑥。

【注释】①［面刺］当面指责。面，当面。刺，指责，议论。②［谤讥于市朝］在公众场所议论君王的过失。谤，公开指责别人的过错。市朝，公共场合。③［时时而间进］有时候偶然有人进谏。④［期年］一年。⑤［朝于齐］到齐国来朝见（齐王）。⑥［此所谓战胜于朝廷］这就是身居朝廷，不用武力，就战胜了敌国。

译文

邹忌身高八尺有余，外表长得十分俊美。早晨，他穿戴完毕，对着镜子端详，问他的妻子说："我与城北的徐公相比，谁更美？"他的妻子说："您特别美，徐公怎么能跟您相比？"城北的徐公是齐国的美男子。邹忌

读懂 小古文 爱上 大语文

有点不自信,于是又问他的侍妾:"我跟徐公,谁更美?"侍妾说:"徐公哪里能比得上您呢?"第二天,有客人从外面来,和邹忌坐着闲聊,邹忌又问客人:"我与徐公谁更美?"客人说:"徐公没有您美。"第二天徐公来访,邹忌仔细地观察他,自以为不如;之后又对着镜子端详自己,更觉得自己远远比不上徐公。晚上邹忌躺在床上思考道:"我的妻子说我美,是偏爱我;我的侍妾说我美,是害怕我;客人说我美,是因为有求于我。"

于是邹忌上朝拜见齐威王,说:"臣知道自己确实不如徐公美,但臣的妻子偏爱臣,臣的侍妾害怕臣,臣的客人想要有求于我,他们都说我比徐公更美。如今齐国方圆千里,有城邑一百二十座,宫中妃嫔侍从没有不偏爱大王您的,朝廷的官吏没有一个不害怕您的,国境之内没有一个不有求于您的。由此可见,大王您遭受的蒙蔽很严重了!"

齐威王说:"说得不错。"于是颁布诏令:"不论是朝臣、官吏还是普通百姓,凡是能够当面指出寡人的过错的,给予上等奖赏;能通过上书向寡人进谏的,给予中等奖赏;能在公共场合批评我而被我所知道的,给予下等奖赏。"

命令刚刚发布的时候,群臣纷纷上朝进谏,王宫就像集市一般热闹非凡;几个月以后,来进谏的人断断续续的;一年以后,虽然有人还想进谏,但是已经没有什么好意见能提的了。燕、赵、韩、魏四国听说这件事以后,都来齐国朝见。这就是所说的不用动武，安坐于朝堂之上就可以使诸侯归顺了。

欣赏文言之美

　　这篇文章讲述的是战国时齐国谋士邹忌劝说君主纳谏的故事。文章第一段重点刻画了邹忌的形象，表现出他不仅有自知之明，而且善于思考的特点。第二段讲的是邹忌勇于进谏齐威王，他以自身的事情为例，让齐威王意识到自己作为君主所受的蒙蔽之重，谏言委婉而易使人接受。第三段讲的是齐威王接受邹忌的意见，采取广开言路、改良政治的措施，最终收获理想的效果。文章寓意深刻，能给人以启迪。

唐雎不辱使命

[西汉] 刘向

小·档案

出　　处：《战国策·魏策四》。
名　　句：若士必怒，伏尸二人，流血五步，天下缟素，今日是也。

秦王使①人谓安陵君曰："寡人欲以五百里之地易②安陵，安陵君其许寡人！"安陵君曰："大王加惠③，以大易小，甚善；虽然④，受地于先王，愿终守之，弗敢易！"秦王不说⑤。安陵君因使唐雎（jū）使于秦。

【注释】①［使］派遣，派出。②［易］交换。③［加惠］给予恩惠。④［虽然］即使这样。虽，即使。然，这样。⑤［说］通"悦"，高兴、愉快。

秦王谓唐雎曰："寡人以五百里之地易安陵，安陵君不听寡人，何也？且秦灭韩亡魏，而君以五十里之地存者，以君为长者，故不错意也①。今吾以十倍之地，请广于君②，而君逆寡人者，轻寡人与？"唐雎对曰："否，非若是也③。安陵君受地于先王而守之，虽千里不敢易也，岂直④五百里哉？"

【注释】①［以君为长者，故不错意也］把安陵君看作忠厚的长者所以不在意。错意，在意。②［请广于君］指的是让安陵君扩大领土。③［非若是也］不是这样的。④［岂直］哪里只是。直，只，仅仅。

秦王怫（fú）然①怒，谓唐雎曰："公亦尝闻天子之怒乎？"唐雎对曰："臣未尝闻也。"秦王曰："天子之怒，伏尸百万，流血千里。"唐雎曰："大王尝闻布衣之怒乎？"秦王曰："布衣之怒，亦免冠徒跣（xiǎn）②，以头抢（qiāng）③地尔。"唐雎曰："此庸夫之怒也，非士④之怒也。夫专诸⑤之刺王僚也，彗星袭月；聂政⑥之刺韩傀（guī）⑦也，白虹贯日；要（yāo）离之刺庆忌⑧也，仓鹰击于殿上。此三子者，皆布衣之士也，怀怒未发，休祲（jìn）⑨降于天，与臣而将四矣。若士必怒，伏尸二人，流血五步，天下缟素⑩，今日是也。"挺剑而起。

【注释】①[怫然]盛怒的样子。②[徒]裸露。[跣]赤脚。③[抢]撞。④[士]这里指有才干和胆识的人。⑤[专诸]春秋时吴国人。⑥[聂政]战国时韩国人。⑦[韩傀]韩国的相国。⑧[庆忌]吴王僚的儿子。⑨[休祲]吉凶的征兆。休，吉祥。祲，不祥。⑩[缟素]白色的丝织品，此处指的是穿丧服。缟，白绢。素，白绸。

秦王色挠①，长跪而谢之曰："先生坐！何至于此！寡人谕矣：夫韩、魏灭亡，而安陵以五十里之地存者，徒以有先生也。"

【注释】①[色挠]面露胆怯之色。

译文

秦王派人对安陵君说："我想拿秦国的五百里土地换取安陵，安陵君可要答应我！"安陵君说："大王给予恩惠，用大的换小的，很不错；但即使如此，我是从先王那里继承的封地，希望可以一直守着它，不敢拿来跟您交换！"秦王不高兴。安陵君因为这件事派唐雎出使秦国。

秦王对唐雎说："我用

五百里土地交换安陵，安陵君居然不听从我的，为什么呢？况且，秦国灭掉了韩国、魏国，而安陵君凭借着五十里土地得以幸存，是因为我把安陵君看作长者，才没有打他的主意。现在我拿十倍于安陵君的土地，请求扩大安陵君的土地，安陵君却违抗我，难道不是轻视我吗？"唐雎回答说："不，并不是像您说的那样。安陵君从先王那里继承了封地，一直守着它，就是拿方圆千里的土地他也不敢交换，何况是五百里的土地呢？"

秦王勃然大怒，对唐雎说："你可曾听说过天子发怒的情形吗？"唐雎回答说："并未听说过。"秦王说："天子发怒，能横尸百万，流血千里。"唐雎说："大王曾经听说过老百姓发怒的情形吗？"秦王说："老百姓发怒，不过是扔掉帽子、光着脚，把头往地上撞罢了。"唐雎说："这只是庸碌无能的人发怒的情形，并不是有志之士发怒的情形。那专诸刺杀王僚时，彗星的尾巴扫过月亮；聂政刺杀韩傀时，白色长虹从太阳上穿过；要离刺杀庆忌时，苍鹰飞到宫殿之上搏击。这三个人，都是布衣之士，他们胸中的怒气尚未爆发出来的时候，上天就降临了预兆，现在加上我竟要成为四个人了。如果有志之士一定要发怒，躺在地上的尸首不过两具，血流也不过五步，可是这全天下的人就要身穿白色丧服了，这样的事就要在今天发生了。"说完，拔出宝剑，挺身而起。

阅读提示

这篇文章涉及的两个国家，一个是国土辽阔、势力强大的秦国，一个是五十里弹丸之地的小国安陵国。阅读时，注意体会秦王、安陵君、唐雎三个人说话时各自的态度和语气，并思考三人表现出这样的状态的深层原因有哪些。

秦王面露胆怯之色，跪坐在地，挺直身体，对唐雎道歉说："先生请坐下，哪里会到这种地步！我明白了，那韩国、魏国灭亡，而安陵君却凭借着五十里土地存留下来，只是因为有先生您呀！"

欣赏文言之美

本文讲述了秦王嬴政意图巧使手段夺取魏国属国安陵国土，而安陵使臣唐雎大义凛然，理直气壮，终于挫败秦王阴谋的故事。本文情节跌宕起伏，以四百余字写就唐雎出使、秦王质问、两人交锋、秦王妥协四段情节，文风峭拔爽利，突出了秦王的骄横虚伪与弱国使节唐雎的有胆有识，读来令人惊心动魄。

第一段略述事由，讲安陵君借先王名义婉拒秦王易地的无理要求，进而派唐雎出使秦国。第二段讲秦王夸耀自己毁灭韩国与魏国的功绩，故作威吓，并质问唐雎。而唐雎以先祖守土之责再度拒绝秦王要求。第三段开篇剑拔弩张，秦王故意大怒，以天子发怒后发动战争为威胁，将冲突推向高峰。而唐雎沉着冷静，引述几位刺客的英雄事迹，慷慨激昂，掷地有声，又以使者说客的身份，摇身一变为殉道烈士，近身威胁秦王。其说理义正词严，行动则充满悲壮气概，以致秦王不得不折服，在尾段暂时以权宜之计安抚唐雎。

本文多以对比手法，以故作夸张的情节展开，烘托人物形象。如以秦王前面肆意骄横、后面尴尬自谢的情态举止，映衬出唐雎的从容镇定；又如第三段以秦王发怒后发动战事的宏大场面，对比秦王心目中唐雎无可奈何的发怒表现，再托出唐雎自己作为一名怒发冲冠的布衣志士以生命威胁秦王的真实发怒表现，以极大衬托极小，更加凸显弱国使节的危局与唐雎的凛然精神，显示了本文的艺术张力。

乐毅报燕王书

[西汉] 刘向

小·档案

出　　处：《战国策·燕策二》。

名　　句：善作者，不必善成，善始者，不必善终。

　　昌国君乐毅为燕昭王合五国之兵①而攻齐，下七十余城，尽郡县之以属燕。三城②未下，而燕昭王死。惠王即位，用齐人反间③，疑乐毅，而使骑劫代之将。乐毅奔赵，赵封以为望诸君。齐田单④诈骑劫，卒败燕军，复收七十余城以复齐。

【注释】①[五国之兵]赵、楚、韩、燕、魏五国联军。②[三城]指齐国的聊城、莒、即墨三城，都在今山东省。③[用齐人反间]齐将田单放出谣言，说乐毅想反叛燕国，自己做齐王，燕惠王信以为真。④[田单]战国时齐国大将，屡立战功，封安平君，被齐襄王任为国相。

　　燕王悔，惧赵用乐毅乘燕之敝以伐燕。燕王乃使人让①乐毅，且谢之曰："先王举国而委将军，将军为燕破齐，报先王之仇，天下莫不振动，寡人岂敢一日而忘将军之功哉？会先王弃群臣，寡人新即位，左右误寡人②。寡人之使骑劫代将军，为将军久暴露于外，故召将军且休计事。将军过听③，以与寡人有隙④，遂捐⑤燕而归赵。将军自为计则可矣，而亦何以报先王之所以遇将军之意乎？"

【注释】①[让]责备。②[左右误寡人]指燕惠王左右亲近的人造谣。③[过听]误信流言。④[隙]仇怨。⑤[捐]抛弃。

　　望诸君乃使人献书报燕王曰："臣不佞①，不能奉承②先王之教，以顺左右③之心，恐抵④斧质⑤之罪，以伤先王之明，而又害于足下⑥之义，故遁逃奔赵。自负以不肖之罪，故不敢为辞说。今王使使者数之罪，臣恐侍御者⑦之不察先王之所以畜幸⑧臣之理，而又不白于臣之所以事先王之心，故敢以书对。

【注释】①[不佞]没有才智。谦辞。②[奉承]秉承，领受。③[左右]书信中对对方的尊称，不直接称对方，只称呼对方的左右执事者。④[抵]遭受。⑤[斧质]刀斧与砧板，杀人的刑具。⑥[足下]对对方的尊称。古时用于称呼尊者，后代只用于同辈。⑦[侍御者]侍候国君的人，实指惠王。⑧[畜幸]畜养宠信。

"臣闻贤圣之君，不以禄私其亲，功多者授之；不以官随其爱，能当者处之。故察能而授官者，成功之君也；论行而结交者，立名之士也。臣以所学者观之，先王之举错，有高世之心，故假节①于魏王，而以身得察于燕。先王过举，擢②之乎宾客之中，而立之乎群臣之上，不谋于父兄，而使臣为亚卿③。臣自以为奉令承教，可以幸无罪矣，故受命而不辞。

【注释】①[假节]凭借符节。节，外交使臣所持的身份凭证。②[擢]提拔。③[亚卿]官名，地位仅次于上卿。

"先王命之曰：'我有积怨深怒于齐，不量轻弱，而欲以齐为事。'臣对曰：'夫齐，霸国之余教而骤胜之遗事也，闲于甲兵，习于战攻。王若欲伐之，则必举天下而图之。举天下而图之，莫径于结赵矣。且又淮北、宋地，楚、魏之所同愿也。赵若许约，楚、赵、宋尽力，四国攻之，齐可大破也。'先王曰：'善。'臣乃口受令，具符节，南使臣于赵。顾反命，起兵随而攻齐。以天之道、先王之灵，河北之地，随先王举而有之于济上。济上之军，奉令击齐，大胜之。轻卒锐兵，长驱至国。齐王逃遁走莒，仅以身免。珠玉财宝，车甲珍器，尽收入燕。大吕陈于元英，故鼎①反乎历室，齐器设于宁台。蓟丘②之植，植于汶篁③。自五伯以来，功未有及先王者也。先王以为顺于其志，以臣为不顿命④，故裂地而封之，使之得比乎小国诸侯。

臣不佞，自以为奉令承教，可以幸无罪矣，故受命而弗辞。

【注释】①[故鼎]指齐国掠夺的燕鼎，复归燕国。②[蓟丘]燕国都城，今北京市西南地区。③[汶篁]齐国汶水边的竹田。④[不顿命]不辜负使命。

"臣闻贤明之君，功立而不废，故著于春秋；蚤①知之士，名成而不毁，故称于后世。若先王之报怨雪耻，夷万乘之强国，收八百岁②之蓄积，及至弃群臣之日，遗令诏后嗣之余义，执政任事之臣，所以能循法令、顺庶孽③者，施及萌隶④，皆可以教于后世。臣闻善作者，不必善成⑤，善始者，不必善终。昔者伍子胥说听乎阖闾，故吴王远迹⑥至于郢。夫差弗是也，赐之鸱夷⑦而浮之江。故吴王夫差不悟先论⑧之可以立功，故沉子胥而弗悔。子胥不蚤见主之不同量，故入江而不改。

【注释】①[蚤]通"早"。②[八百岁]从姜太公建国到这次战争约八百年。③[庶孽]妾生的儿子。④[施及萌隶]施，延续、普及。萌隶，指百姓。⑤[善作者，不必善成]善于开创事业的人，不一定善于守业。⑥[远迹]在远处留下足迹，指长途伐楚。⑦[鸱夷]皮革制的口袋。⑧[先论]预见。

"夫免身全功，以明先王之迹者，臣之上计也。离①毁辱之非，堕②先王之名者，臣之所大恐也。临不测之罪，以幸为利者，义之所不敢出也。

【注释】①[离]通"罹"，遭受。②[堕]败坏。

"臣闻古之君子交绝不出恶声；忠臣之去也，不洁其名。臣虽不佞，数奉教于君子矣。恐侍御者之亲左右之说，而不察疏远之行也，故敢以书报，唯君之留意焉。"

译文

　　昌国君乐毅，替燕昭王联合五国的军队攻打齐国，连下七十多座城池，都划归燕国。还有三座城邑未攻下，燕昭王就去世了。燕惠王继位，中了齐人的反间计，怀疑乐毅，派骑劫代替他为将。乐毅逃到赵国，赵王封他为望诸君。齐国大将田单用计骗了骑劫，打败燕军，收复七十多座城邑，恢复了齐国的领土。

　　燕王后悔了，又怕赵国任用乐毅趁燕国战败之机来攻燕，便派人去责备乐毅，又向乐毅表示歉意，说："先王把整个燕国托付给将军，将军为燕攻破了齐国，为先王报了仇，天下人莫不震动，寡人怎敢有一刻忘记将军的功勋啊！不幸先王抛弃群臣而去，寡人刚刚继位，手下人蒙骗了寡人。不过，寡人派骑劫代替将军，只是因为将军长久在野外作战，所以调将军回国稍作休养，共商国是。将军却误信流言，和寡人有了隔阂，抛弃燕国而投奔赵国。为将军自己打算，固然可以；但是又怎样报答先王对将军的恩情呢？"

　　望诸君乐毅便派人进献书信，回答惠王说："臣不才，不能领受先王的遗命，顺从大王您的心意，恐怕回来受到刀斧之刑，以致损害先王知人之明的英名，又使您亏于君臣之义，只得投奔赵国。自己甘愿承担不贤的罪名，也不愿表白。现在大王派人来数说臣的罪过，恐怕大王不能体会先王重用我的理由，也不明白我之所以侍奉先王的心意，才敢写信答复大王。

　　"我听说，贤圣的君主，不把爵禄私赏给自己的亲人，只有立功多的才授予；不把官职随便授予自己宠幸的人，只有才能相当的才任命。所以，考察才能而授官，是成就功业的君主；根据德行而结交，是树立名声的贤士。我以所学的知识来观察，觉得先王处国事高于世俗的理想，因此借

91

用魏王的符节，得以到燕国亲自考察。先王对我很看重，从宾客中选拔出来，安置在群臣之上，不与王室的长辈商量，便任命我为亚卿。我自以为能够奉行命令、秉承教导，可以侥幸免于罪过，也就毫不辞让地接受了任命。

"先王命令我说：'我跟齐国积累了深仇大恨，哪怕国小力微，也想报齐国之仇。'我回答说：'齐国本来有霸主的传统，打过多次胜仗，熟悉军事，长于攻战。大王如果要伐齐，必须发动天下的兵力来对付它。要发动天下的兵力，最好是先同赵国结盟。还有淮北，本是宋国的土地，被齐国独吞了，楚魏两国都想得一份。赵如果赞同，约同楚、赵、宋尽力帮助，以四国的力量进攻，就可大破齐国了。'先王说：'好。'我便接受命令，准备符节，南下出使赵国。很快回国复命，发兵攻齐。顺应上天之道，倚仗先王的声威，黄河以北的齐国土地，都随着先王进兵济水边上而为燕国所有了。济水边上的燕军，奉令出击，大获全胜。士卒轻装，武器锐利，长驱直入，攻占齐都。齐王逃奔至莒，幸免一死。所有的珠玉财宝，车甲珍器，都归燕国所有。大吕黄钟陈列在元英殿上，燕国的宝鼎又运回历室殿，齐国的宝器都摆设在燕国的宁台。原来树立在蓟丘的燕国旗帜，插到齐国汶水两岸的竹田。自从五霸以来，没有谁的功勋能赶上先王。先王很满意，认为我没有

名将乐毅

乐毅，字永霸，生卒年不详，战国中后期燕国名将，杰出的军事家，中山灵寿（今河北灵寿西北）人。他是魏将乐羊的后代，辅佐燕昭王振兴燕国，拜上将军，封昌国君。公元前284年，乐毅率领燕、赵、韩、魏、楚五国联军攻打齐国，一举攻占齐国七十余城，几乎使齐灭国。后燕昭王去世，乐毅受到燕惠王的猜忌而功败垂成，逃到赵国。于是，便有了这篇《乐毅报燕王书》。

贻误他的命令，所以分出土地封赏我，使我的地位得比于小国诸侯。我虽不才，但自信能够奉行命令，秉承教导，可以侥幸免于罪过，因此毫不推辞而接受了封爵。

"我听说，贤明的君主，建立了功业就不让它废弃，所以才能记载于史册；有远见的贤士，成名之后绝不让它败坏，所以为后世称赞。像先王这样报仇雪恨，征服了万辆兵车的强国，没收它八百年的积蓄，直到逝世那天，还留下叮嘱嗣君的遗训，使执政任事的官员能遵循法令，安抚亲疏上下，推及百姓奴隶，这都是能够教育后世的啊。我听说，善于开创事业的人不一定善于守业，善始不一定善终。从前，伍子胥说动了阖闾，因此吴王能够远征到楚国的郢都；夫差却不信伍子胥的预见能够立功，因此把伍子胥溺死江中而不悔；伍子胥不能预见新旧两主的气量不同，因此直到被投入江中还不改变他的怨愤。

"所以，我脱身免祸以保伐齐之功，用以表明先王的业绩，这是我的上策。遭受诋毁和侮辱的错误处置，毁害先王的美名，这是我最大的恐惧。面临着不测之罪，却又助赵攻燕，妄图私利，我绝不干这不义之事。

"我听说，古代的君子，和朋友断绝交往，也绝不说对方的坏话；忠臣含冤离开本国，也不为自己表白。我虽然不才，也曾多次受过君子的教诲。只是恐怕大王轻信部下的逸言，却不体谅被疏远的人的行为，因此冒昧回信说明，希望您多加考虑。"

读懂 小古文 爱上 大语文

欣赏文言之美

　　本文是一篇书信。历史背景是燕昭王重用乐毅伐齐,战果斐然。燕惠王即位后,中了齐国田单的反间计,派骑劫取代乐毅。乐毅逃往赵国,受到礼遇。而骑劫大败,失去了乐毅原先取得的战果。燕惠王十分后悔,又害怕乐毅帮助赵国对燕国不利,发信责备乐毅。本文主体部分即为乐毅的回信,既解释自己去赵国的理由,又抒发忧愤之情,表明忠贞心迹。

　　燕惠王来信,既责备乐毅出逃行为,又解释并无加害乐毅之意,最后更是抬出先王的帽子,质问乐毅受到先王礼遇,又该拿什么回报。这一质问显得理由充足,可以说是来势汹汹了。而乐毅的应对,并未直指燕惠王用人不当、只知夺权的过失,首先承认自己弃燕从赵的罪过,更就事论事,论说先王与己身君臣相和的情境,以对比手法,明褒昭王贤明,暗贬惠王

狭隘无能，更加凸显回信的高妙之处，言辞委婉曲折，格调忠贞高洁。

具体来看，乐毅回应燕惠王的质问可分为两层。先是写明先王对他的知遇之恩，以燕国与齐国有深仇大恨的现况拜托，而乐毅也率军向齐国复仇，报效先王，在道义上已无可指摘。进而写"善始者不必善终"两句，是在先王知遇之外，面向燕惠王的回应。此处所谓"善始者"，即是写燕昭王善于发现任用人才，"不必善终"则是暗讽燕惠王的昏聩。这两句采用对比手法，颇见乐毅的愤慨之意，其后更引伍子胥典故与己身境遇对比，点明自己出逃赵国实在是出于保留先王功绩的目的，而同时也表白自己不会帮助赵国讨伐燕国的心意，秉持了曾经作为燕臣的道义。

信末乐毅更进一步自比为君子忠臣，引述典故而不点破，正是不直接批评燕惠王，负罪奔逃赵国，正是含冤也不申告，最后更以担忧燕惠王受到奸臣蒙蔽作为结尾，暗藏对其规劝之意，衬出乐毅虽远在江湖之外，仍不忘君臣道义的一片忠贞。

本文主要特点在于写出了君臣知遇相和的理想境界，全文句句不离先王，忠义动人，是为诸葛亮《出师表》一篇的先声。《古文观止》编者说本文"志其书辞，情致委曲，犹存忠厚之遗，其品望固在战国之上"，这一评价超脱了《战国策》本身的杂糅交汇，是在称赞本文写出高尚的德行，富有教化的意味。

荆轲刺秦王

[西汉] 刘向

小·档案

出　　处：《战国策·燕策三》。

名　　句：风萧萧兮易水寒，壮士一去兮不复还。
　　　　　发图，图穷而匕首见。

秦将王翦破赵，虏赵王，尽收其地，进兵北略①地，至燕南界。

【注释】①[略] 通"掠"，掠夺，抢夺。

太子丹恐惧，乃请荆卿①曰："秦兵旦暮②渡易水，则虽欲长侍足下，岂可得哉？"荆卿曰："微太子言，臣愿得谒（yè）之③。今行而无信④，则秦未可亲也。夫今樊将军，秦王购之金千斤，邑万家。诚能得樊将军首，与燕督亢⑤之地图献秦王，秦王必说见臣，臣乃得有以报太子。"太子曰："樊将军以穷困来归丹，丹不忍以己之私，而伤长者之意，愿足下更虑之⑥！"

【注释】①[荆卿] 即荆轲。卿，古代对人的敬称。②[旦暮] 早晚，形容时间极短。③[微太子言，臣愿得谒之] 即便太子不说，我也要请求行动。微，假如没有。谒，进见。④[信] 凭信之物。⑤[督亢] 今河北省易县、霸州市一带，是燕国土地肥沃之地。⑥[更虑之] 再想想其他的办法。

荆轲知太子不忍，乃遂私见樊於期，曰："秦之遇将军，可谓深①矣。父母宗族，皆为戮没。今闻购将军之首，金千斤，邑万家，将奈何？"樊将军仰天太息流涕曰："吾每念，常痛于骨髓，顾计不知所出耳！"轲曰："今有一言，可以解燕国之患，而报将军之仇者，何如？"樊於期乃前曰："为之奈何？"荆轲曰："愿得将军之首以献秦，秦王必喜而善见臣。臣左手把其袖，而右手揕（zhèn）②其胸，然则将军之仇报，而燕国见陵之耻③除矣。将军岂有意乎？"樊於期偏袒（tǎn）扼腕而进④曰："此臣日夜切齿拊心⑤也，乃今得闻教！"遂自刎。

【注释】①[深]此处是刻毒的意思。②[揕]用刀剑等刺。③[见陵之耻]被欺侮的耻辱。④[偏袒扼腕而进]脱下一只衣袖，握住手腕，走近一步。这里形容激动愤怒的样子。⑤[拊心]捶胸，这里形容非常心痛。

太子闻之，驰往，伏尸而哭，极哀。既已，无可奈何，乃遂收盛樊於期之首，函封之①。

【注释】①[函封之]用匣子封装起来。函，匣子。

于是太子预求天下之利匕首，得赵人徐夫人之匕首，取之百金，使工以药淬之。以试人，血濡缕①，人无不立死者。乃为装遣荆轲。

【注释】①[濡缕]沾湿衣缕。濡，浸湿，沾湿。

燕国有勇士秦武阳，年十二，杀人，人不敢与忤（wǔ）视①。乃令秦武阳为副。

【注释】①[忤视]正眼看，也就是迎着目光看。

荆轲有所待，欲与俱，其人居远未来，而为留待。

顷之未发，太子迟之①，疑其有改悔，乃复请之曰："日以尽矣，荆卿岂无意哉？丹请先遣秦武阳！"荆轲怒，叱太子曰："今日往而不反者，竖子②也！今提一匕首入不测之强秦，仆所以留者，待吾客与俱。今太子迟之，请辞决矣！"遂发。

【注释】①[迟之]嫌荆轲动身迟缓。②[竖子]对人的蔑称。

太子及宾客知其事者，皆白衣冠以送之。至易水上，既祖，取道①。高渐离击筑，荆轲和而歌，为变徵之声②，士皆垂泪涕泣。又前而为歌曰："风萧萧兮易水寒，壮士一去兮不复还！"复为慷慨羽声③，士皆瞋目，发尽上指冠。于是荆轲遂就车而去，终已不顾④。

【注释】①[既祖，取道]祭过路神，就要上路。②[为变徵之声]发出变徵的声音。变徵是徵音的变调，声调悲凉。③[慷慨羽声]声调激愤的羽声。④[终已不顾]始终不曾回头，形容意志坚决。

既至秦，持千金之资币物，厚遗秦王宠臣中庶子蒙嘉①。

【注释】①[厚遗秦王宠臣中庶子蒙嘉]将厚礼赠送给秦王的宠臣中庶子蒙嘉。遗，赠送。

嘉为先言于秦王曰："燕王诚振怖大王之威，不敢兴兵以拒大王，愿举国为内臣，比诸侯之列，给贡职如郡县①，而得奉守先王之宗庙。恐惧不敢自陈，谨斩樊於期头，及献燕之督亢之地图，函封，燕王拜送于庭，使使②以闻大王。唯大王命之③。"

【注释】①[给贡职如郡县]像秦国的郡县那样贡纳赋税。给，供。②[使使]派遣使者。③[唯大王命之]一切听凭大王吩咐。唯，希望的意思。

秦王闻之，大喜。乃朝服，设九宾，见燕使者咸阳宫。

荆轲奉①樊於期头函，而秦武阳奉地图匣，以次进②。至陛③下，秦武阳色变振恐，群臣怪之，荆轲顾笑武阳④，前为谢曰："北蛮夷之鄙人，未尝见天子，故振慑，愿大王少假借之⑤，使毕使于前⑥。"秦王谓轲曰："起，取武阳所持图！"

【注释】①[奉]两手捧着。②[以次进]按先后顺序进来。③[陛]殿前的台阶。④[顾笑武阳]回头冲武阳笑。顾，回头看。⑤[少假借之]稍微原谅他些。少，通"稍"。假借，宽容，原谅。⑥[使毕使于前]让他在大王面前完成他的使命。

98

轲既取图奉之，发①图，图穷而匕首见。因左手把秦王之袖，而右手持匕首揕之。未至身，秦王惊，自引而起，绝袖②。拔剑，剑长，操其室③。时恐急，剑坚④，故不可立拔。

【注释】①［发］打开。②［自引而起，绝袖］自己挣着站起来，袖子都被挣断了。引，指身子向上起。③［操其室］握住剑鞘。④［剑坚］剑插得紧。

荆轲逐秦王，秦王还柱而走。群臣惊愕，卒起不意，尽失其度①。而秦法，群臣侍殿上者，不得持尺兵②；诸郎中③执兵，皆陈殿下，非有诏不得上。方急时，不及召下兵，以故荆轲逐秦王，而卒惶急无以击轲，而乃以手共搏之。

【注释】①［卒起不意，尽失其度］事情发生得太突然，没有意料到，全都失去常态。卒，通"猝"，突然。②［尺兵］即尺寸之兵，指各种兵器。③［郎中］宫廷的侍卫。

是时，侍医夏无且(jū)以其所奉药囊提①轲。秦王方还柱走，卒惶急不知所为。左右乃曰："王负剑！王负剑！"遂拔以击荆轲，断其左股。荆轲废，乃引其匕首提秦王，不中，中柱。秦王复击轲，被八创②。

【注释】①［提］掷击。②［被八创］指荆轲身上受了八处剑伤。被，受。创，伤。

轲自知事不就，倚柱而笑，箕踞①以骂曰："事所以不成者，乃欲以生劫之，必得约契以报太子也。"

阅读提示

本文可以称得上是一篇以古文写就的小说。在阅读这篇文章时，要着重留意作者在塑造人物上所下的功力，明确作者在塑造每个人物形象时所运用的描写手法。在文章前半部分的叙述中，其实已经埋下了荆轲行刺计划最终失败的伏笔，在阅读时可重点留意。

千古绝唱，万世不息：先秦古文（下卷）

【注释】①[箕踞]坐在地上，两脚张开，形状像箕。这是一种轻慢傲视对方的姿态。

左右既前，斩荆轲。秦王目眩良久。

译文

秦国的将军王翦攻破赵国，俘虏了赵王，将赵国大部分国土也占领了，然后继续向北进军侵占土地，一直到燕国南部的边界。

燕国的太子丹心中惊恐，就请求荆轲说："秦军朝夕之间就要渡过易水，那么虽然我希望可以长久地侍奉您，又怎么能够实现呢？"荆轲说："就算太子不说，我也要请求行动。假如这次没有什么凭信之物就去，那是不能接近秦王的。从秦国逃来的樊将军，秦王用一千金和一万户人口的封地作悬赏来买他的头颅。假如真的可以得到樊将军的首级和燕国督亢一带的地图献给秦王，秦王一定会十分高兴地接见我，那时我就有办法来回报太子了。"太子说："樊将军因为无路可走才来投奔我，我不忍心因为个人的私仇而伤害长者，希望您再想想别的办法！"

荆轲知道太子心中不忍，就私下里会见樊於期，说："秦国对待将军您可以说是刻毒透顶了。父亲、母亲和同族的人或被处死或入宫为奴。现在听说将军的首级正被秦王以一千金和一万户人口的封地作为悬赏来求取，您将怎么办？"樊将军仰面叹息，泪流满面地说："每次想到这些，我就恨之入骨，只是想不出什么计策。"荆轲说："现在我有一个建议，不仅能够使燕国的忧患解除，也能使将军大仇得报，怎么样？"樊於期上前问道："应该怎么办？"荆轲说："希望可以得到樊将军的首级来献给秦王，秦王一定会高兴而又友好地召见我。到时我趁机左手扯住他的衣袖，右手（用匕首）刺入他的胸膛。这样，将军的仇就能报了，燕国的耻辱也就能消除了。将军是否中意这计策呢？"樊於期将一只衣袖脱下，露出一只胳膊，左手握住右腕，上前一步说："这是我没日没夜咬牙切齿、捶胸痛恨的事，今天才得到您的指教！"于是就自杀了。

太子听说了这件事，赶着马车跑去，伏在樊於期的尸体上号啕大哭，悲伤至极。事情已经如此，没有办法挽回了，于是就收拾樊於期的首级，用匣子将它装好。

太子预先找寻世上最锋利的匕首，得到赵国徐夫人的匕首，花了一百金买到了它，又叫工匠把毒药浸到匕首上淬炼。以活人来做实验，血一旦沾湿衣褛，没有不立即死亡的。于是打点行装，派遣荆轲上路。

燕国有位勇士秦武阳，十二岁的时候就杀过人，人们都不敢正眼与他对视。于是太子叫秦武阳来给荆轲做助手。

荆轲一直在等一个人，想和他一起去。那个人住得很远，没有到，因此荆轲没动身一直等着他。

过了一阵还未出发，太子嫌荆轲出发迟了，心中怀疑他是否意志动摇后悔了，就又请求他说："日子已经不多了，您难道还不打算动身吗？请允许我让秦武阳先动身！"荆轲很生气，呵斥太子说："今天去了却不能好好回来复命的，那是没有用的人！现在光拿着一把匕首就要去那局势无法预测的强秦吗？我之所以停留下来，是为了等待我的客人，好同他一起出发。太子既然嫌我动身太晚，那我现在就告别吧！"于是出发了。

太子和他的宾客中知道这件事的人，都穿着白衣，戴着白帽为荆轲送别。到易水边，祭过路神，就要上路。高渐离敲着筑，荆轲和着节拍唱歌，发出变徵的声音，众宾客都流下眼泪低声哭泣。荆轲又上前作歌唱道："风声萧萧悲鸣啊易水彻骨寒冷，壮士这一离去啊就再也不会返回！"又发出悲壮激昂的羽声。众宾客都大大地睁着眼睛，头发都向上竖起将帽子顶起。于是荆轲登车远去，一直没有回头看一眼。

到达秦国之后，荆轲拿着千金之资买了贵重的物品，优厚地馈赠给秦王的宠臣中庶子蒙嘉。

蒙嘉替他预先向秦王进言，说："燕王的确很害怕大王的威势，不敢举兵来对抗大王，愿意全国上下都来做秦国的臣民，排在诸侯的队伍中，像秦国的郡县那样向您贡纳赋税，以期能守住祖先的宗庙。他们诚惶诚恐，不敢面见大王来述说，就恭谨地砍下樊於期的首级并献上燕国督亢一带的地图，用盒子封好，燕王在朝堂之上行跪拜大礼送出来，让使者前来告知大王。一切听凭大王的命令。"

秦王听了蒙嘉的话，十分高兴。于是穿了上朝的礼服，安排下隆重的九宾大礼仪式，在咸阳宫召见燕国的使者。

荆轲捧着装了樊於期头颅的盒子，秦武阳捧着装了地图的匣子，按次序进宫。到达殿前的台阶下时，秦武阳脸色都变了，十分恐惧，秦国群臣看到以后觉得很奇怪。荆轲回过头来对着秦武阳笑了笑，上前替他向秦王谢罪说："北方蛮夷地区的粗鄙人，从未面见过天子，所以害怕，希望大王可以稍稍原谅他些，让他在大王的面前将自己的使命完成。"秦王对荆轲说："起来，把武阳所带的地图拿过来！"

荆轲拿了地图捧送给秦王，秦王打开地图，地图打开到最后的时候，匕首就露出来。于是荆轲左手扯住秦王的衣袖，右手拿起匕首去刺秦王。还没有刺到秦王的身上，秦王十分惊恐，自己挺直身子站起来，把袖子都挣断了。秦王拔剑，但佩剑太长，他就握住了剑鞘。当时秦王又害怕又焦急，剑插得很紧，所以无法马上拔出来。

荆轲追着秦王，秦王绕着柱子跑。秦国诸臣子都吓得呆住了，事情太过突然，谁都没有意料到，大家都失去了常态。而且，依照秦国的法律，臣子们侍立在殿上时不准带任何兵器。那些宫廷侍卫握着武器，都在宫殿的台阶下面列队，不得到君王的命令是不可上殿的。正当危急的时候，召唤阶下的侍卫也来不及，所以荆轲追逐秦王之时，大家仓促间居然没有武器可以击杀荆轲，都只用空手同荆轲搏斗。

这时，秦王的随侍医官夏无且将手中捧着的药袋投出去击打荆轲。秦王还在绕着柱子跑，仓促间惊惶失措，居然不知该怎么办才好，身边的侍臣就说："大王背着剑！大王背着剑！"秦王于是将剑转到背上，这才拔了出来攻击荆轲，并砍断了荆轲的左大腿。荆轲倒下了，就举起他的匕首朝秦王投击，没有击中秦王，击中了柱子。秦王又砍击荆轲，荆轲被砍伤了八处。

荆轲自己知道事情办不成了，靠着柱子，张开两腿坐在地上骂道："事情之所以没有成功，是因为我原本想将你生擒，然后得到约契来报答燕太子啊！"

秦王的侍臣上前，杀死了荆轲。事后，秦王还头昏眼花了很长一段时间。

欣赏文言之美

"荆轲刺秦王"这一悲壮的刺客故事在历史上十分有名。本文讲述的便是这个故事的完整经过，包括故事的开端（行刺的原因）、发展（行刺的准备）、高潮（秦王宫荆轲行刺）、结局（行刺失败，荆轲被杀）。文章通过一系列情节和精彩的人物对话、行动、表情、神态等的描写，重点塑造荆轲重义轻生、反抗暴秦、勇于牺牲的侠士形象，同时还刻画了太子丹、樊於期、秦王、秦武阳、蒙嘉等一批身份各异的人物，有些人着墨不多，却将其性格的某一特点刻画得十分鲜明。

苏秦以连横说秦

[西汉] 刘向

小档案

出　　处：《战国策·秦策一》。
名　　句：贫穷则父母不子，富贵则亲戚畏惧。
　　　　　人生世上，势位富厚，盖可以忽乎哉。

苏秦①始将连横说秦惠王曰："大王之国，西有巴、蜀、汉中之利，北有胡貉、代马之用，南有巫山、黔中之限，东有殽、函之固。田肥美，民殷富，战车万乘，奋击百万，沃野千里，蓄积饶多，地势形便，此所谓天府，天下之雄国也。以大王之贤，士民之众，车骑之用，兵法之教，可以并诸侯，吞天下，称帝而治。愿大王少留意，臣请奏其效。"

【注释】①[苏秦]字季子，战国时洛阳人，著名策士，纵横派代表人物。

秦王曰："寡人闻之，毛羽不丰满者不可以高飞，文章不成者不可以诛罚，道德不厚者不可以使民，政教不顺者不可以烦大臣。今先生俨然不远千里而庭教之，愿以异日。"

苏秦曰："臣固疑大王之不能用也。昔者神农伐补遂，黄帝伐涿鹿而禽蚩尤，尧伐驩兜（huān dōu）①，舜伐三苗②，禹伐共工③，汤伐有夏④，文王伐崇，武王伐纣，齐桓任战而霸天下。由此观之，恶有不战者乎？古者使车毂（gǔ）⑤击驰，言语相结，天下为一；约从连横，兵革不藏；文士并饬，诸侯乱惑；万端俱起，不可胜理；科条既备，民多伪态；书策稠浊，百姓不足；上下相愁，民无所聊；明言章理，兵甲愈起，辩言伟服，战攻不息；繁称文辞，天下不治；舌弊耳聋，不见成功；行义约信，天下不亲。于是，乃废文任武，厚养死士，缀甲厉兵，效胜于战场。夫徒处而致利，安坐而广地，虽古五帝、三王、五霸⑦，明主贤君，常欲坐而致之，其势不能，故以战续之。宽则两军相攻，迫则杖戟相撞⑧，然后可建大功。是故兵胜于外，义强于内；威立于上，民服于下。今欲并天下，凌万乘⑨，诎（qū）⑩敌国，制海内，子元元⑪，臣诸侯，非兵不可！今之嗣主⑫，忽于至道，皆惛（hūn）⑬于教，乱于治，迷于言，惑于语，沉于辩，溺于辞。以此论之，王固不能行也。"

【注释】①［驩兜］尧的大臣，传说曾与共工一起作恶。②［三苗］古代少数民族。③［共工］传为尧的大臣，与驩兜、三苗、鲧并称"四凶"。④［有夏］此指夏朝末代君主桀。⑤［毂］车轮中央的圆孔，以容车轴。这里代指车乘。⑥［徒处］白白地等待。⑦［五霸］即春秋五霸。霸，同"伯"。⑧［撞］冲刺。⑨［万乘］兵车万辆，指大国。⑩［诎］同"屈"，使……屈服。⑪［元元］百姓。⑫［嗣主］继位的君王。⑬［惛］糊涂，不明事理。

说秦王书十上而说不行。黑貂之裘敝，黄金百斤尽，资用乏绝，去秦而归。嬴（léi）縢（téng）①履𫏋（juē），负书担囊②，形容枯槁，面目犁（lí）③黑，状有愧色。归至家，妻不下纴（rèn）④，嫂不为炊，父母不与言。苏秦喟然叹曰："妻不以我为夫，嫂不以我为叔，父母不以我为子，是皆秦之罪也。"乃夜发书，陈箧数十，得太公《阴符》⑤之谋，伏而诵之，简练以为揣摩。读书欲睡，引锥自刺其股，血流至足。曰："安有说人主不能出其金玉锦绣，取卿相之尊者乎？"期年，揣摩成，曰："此真可以说当世之君矣！"于是乃摩燕乌集阙，见说赵王于华屋之下，抵掌而谈。赵王大说，封为武安君，受相印。革车百乘，锦绣千纯，白璧百双，黄金万镒（yì）⑥，以随其后，约从散横，以抑强秦。故苏秦相于赵而关不通。

【注释】①[赢縢]赢，缠绕。縢，绑腿布。②[囊]背囊。③[鬓]黑色。④[纴]纺织机。⑤[《阴符》]兵书。⑥[镒]古代计量单位，一镒等于二十四两。

当此之时，天下之大，万民之众，王侯之威，谋臣之权，皆欲决于苏秦之策。不费斗粮，未烦一兵，未战一士，未绝一弦，未折一矢，诸侯相亲，贤于兄弟。夫贤人在而天下服，一人用而天下从。故曰：式①于政，不式于勇；式于廊庙之内，不式于四境之外。当秦之隆，黄金万镒为用，转毂连骑，炫熿于道；山东②之国，从风而服，使赵大重。且夫苏秦特穷巷掘③门、桑户④棬（quān）枢⑤之士耳，伏轼⑥撙（zǔn）⑦衔，横历天下，庭说诸侯之主，杜左右之口，天下莫之能伉⑧。

【注释】①[式]用。②[山东]指崤山以东。③[掘]通"窟"，土屋。④[桑户]桑木为板的门。⑤[棬枢]树枝做成的门枢。⑥[轼]车前横木。⑦[撙]节制。⑧[伉]通"抗"，抵抗。

将说楚王，路过洛阳。父母闻之，清宫除道，张①乐设饮，郊迎三十里。妻侧目而视，倾耳而听。嫂蛇行匍伏，四拜自跪而谢。苏秦曰："嫂，何前倨而后卑也？"嫂曰："以季子位尊而多金。"苏秦曰："嗟乎！贫穷则父母不子，富贵则亲戚畏惧。人生世上，势位富厚，盖可以忽乎哉！"

【注释】①[张]设置。

译文

苏秦起先主张连横，曾经劝秦惠王说："大王您的国家，西面有巴、蜀、汉中的富饶，北面有胡貉和代地的物产，南面有巫山、黔中的屏障，东面有崤山、函谷关的坚固防线。耕田肥美，百姓富足，战车有万辆，武士有百万，在千里沃野上有多种出产，地理形势便利，这就是所谓天府之国，称得上天下显赫的大国啊。凭着大王的贤明，士民的众多，车骑的充足，兵法的教习，可以兼并诸侯，吞并天下，称帝而加以治理。希望大王能对此稍加留意，我请求来实现这件事。"

秦王回答说："我听说羽毛不丰满时不能高高飞翔，法令不完备时不能惩治犯人，道德不深厚时不能驱使百姓，政教不顺民心时不能烦劳大臣。现在您从远处跑来，在朝廷上开导我，我想以后再听您的教诲。"

苏秦说："我本来就怀疑大王不会接受我的意见。过去神农讨伐补遂，黄帝讨伐涿鹿、擒获蚩尤，尧讨伐驩兜，舜讨伐三苗，禹讨伐共工，商汤讨伐夏桀，周文王讨伐崇国，周武王讨伐纣王，齐桓公用武力称霸天下。由此看来，哪有不用战争手段就能称霸天下的呢？古代各国使者乘车来回奔驰，通过会谈缔结盟约，使天下成为一体；后来搞起合纵连横，战争也就无可避免；文士们个个巧舌如簧，诸侯听得稀里糊涂；群议纷起，难以清理；规章制度虽已完备，人们照样欺诈作为；公文政令又多又乱，百姓难免衣食不足；君臣愁容相对，人民无所依靠；道理越是清楚明白，战乱反而层出不穷；穿着讲究服饰的文士虽然善辩，相互攻战却难以止息；越是广泛地玩弄文辞，天下就越难以治理；说的人说得舌头都破了，听的人听得耳朵发聋，却始终不见成功；按照仁义礼信签订盟约，却不能使各国和睦友好。于是就废却文治、滥用武力，以优厚待遇蓄养勇士，备好盔甲，磨好兵器，在战场上决一胜负。想白白等待以招致利益，安然兀坐而想扩展疆土，即使是上古五帝、三王、五霸那样贤明的君主，也是不可能做到的，所以用战争来解决问题。相距远的就两支队伍相互进攻，相距近的持着刀戟相互冲刺，然后方能建立功业。因此，对外使用军队取得了胜利，对内因行仁义而强大；上面的国君有了权威，下面的人民才能驯服。现在，要想并吞天下，超越大国，使敌国屈服，制伏海内，君临天下百姓，以诸侯为臣，非得发动战争不可！现在在位的国君，忽略了这个根本道理，都是教化不明，治理混乱，又被一些人的奇谈怪论所迷惑，沉溺在巧言诡辩之中。这样看来，大王您是不会采纳我的建议的。"

　　劝说秦王的奏折多次呈上，而苏秦的主张仍未实行，黑貂皮大衣穿破了，一百斤黄金也用完了，钱财一点不剩，苏秦只得离开秦国，返回家乡。苏秦缠着绑腿布，穿着草鞋，背着书箱，挑着行李，脸上又瘦又黑，一脸羞愧之色。回到家里，妻子不下织机，嫂子不去做饭，父母不与他说话。苏秦长叹道："妻子不把我当丈夫，嫂子不把我当小叔，父母不把我当儿子，这都是我的过错啊！"于是半夜找书，摆开几十只书箱，找到了姜太公的兵书《阴符》，埋头诵读，反复选择、熟习、研究、体会。读到昏昏欲睡时，苏秦就拿锥子刺自己的大腿，鲜血一直流到脚跟，并自言自语说："哪有去游说国君，而不能让他拿出金玉锦绣，取得卿相之尊的人呢？"学满一年，研究成功，苏秦说："这下真的可以去游说当代国君了！"于是，苏秦就登上名为燕乌集的宫阙，在宫殿之下谒见并游说赵王，拍着手掌侃侃而谈。赵王大喜，封苏秦为武安君，拜受相印。又给苏秦兵车一百辆、锦绣一千匹、白璧一百对、黄金一万镒，用来联合六国，瓦解连横，抑制强秦。所以，苏秦在赵国为相后，函谷关的交通就断绝了。

　　在这个时候，那么大的天下，那么多的百姓，王侯的威望，谋臣的权力，都要被苏秦的策略所决定。不花费一斗粮，不烦劳一个兵，一个战士也不作战，一根弓弦也不断绝，一支箭也不弯折，诸侯相亲，胜过兄弟。

贤人在位而天下驯服，一人被用而天下合纵。所以说：应运用德政，不应凭借勇力；应用于朝廷之内，不应用于国土之外。在苏秦显赫尊荣之时，黄金万镒被他使用，随从车骑络绎不绝，一路炫耀，崤山以东各国随风折服，从而使赵国的地位大大加重。况且那个苏秦，只不过是出于僻巷土屋、桑户棬枢之中的贫士罢了，但他伏在车轼之上，牵着马嚼环，横行于天下，在朝廷上劝说诸侯君王，堵塞左右大臣的嘴巴，天下没有人能与他匹敌。

　　苏秦将去游说楚王，路过洛阳。父母听到消息，收拾房屋，打扫街道，设置音乐，准备酒席，到三十里外郊野去迎接。妻子不敢正面看他，侧着耳朵听他说话。嫂子像蛇一样在地上匍匐，再三再四地跪拜谢罪。苏秦问："嫂子，过去为什么那么趾高气扬，而现在又如此卑躬屈膝呢？"嫂子回答说："因为小叔你地位尊贵而且富有啊！"苏秦叹道："唉！贫穷的时候父母不把我当儿子，富贵的时候连亲戚也畏惧。人活在世上，权势地位和荣华富贵，难道是可以忽视的吗？"

欣赏文言之美

　　刘向在《战国策序》中感慨战国形势是"道德大废，上下失序"（道德礼乐制度被废除，上下失去了等级秩序），说明当时各诸侯国已经不只是如同春秋时期一般"礼崩乐坏"，而是彻底不受义理规训，肆意扩张，发动战争。本书即记载了如此动荡时期中，战国策士游说诸侯的政治主张和言行策略。如本文描写的苏秦，便是这么一位为名利驱使，博学善辩的典型策士。

本文以苏秦说秦受挫这一事件为发端，选取了苏秦受家人冷眼，发愤图强，进而成功游说赵王，从此位极人臣，而家人也对苏秦前倨后恭这几个典型的事件，写就一段曲折多变的人物传奇，从而展示了战国时期策士为谋求功利而好学苦读的普遍历史现实。

本文根据苏秦前后迥然不同的境遇，可分为两层。

第一层写苏秦游说秦惠王对抗六国，却因言辞空泛，策略务虚被秦惠王以托词拒斥，失意回家，遭人歧视。

第二层写苏秦发奋研读史书，获得赵王首肯，位极人臣，家人逢迎。

这种先抑后扬的写法巧用多个层面的对比，以夸张化的叙事突出苏秦的多变人生。宏观上，先铺陈苏秦游说秦王失败后，垂头丧气的沦落形貌，后写苏秦发奋苦学，终于学有所成，以学识受拜赵国国相，金玉加身的富贵情状。两相对比，以抑写扬，显出苏秦故事的寓意深远。

在具体行文的微观层面，细致描述了苏秦家人的种种行为：在苏秦沦落时，妻嫂的冷遇，父母鄙夷不屑，甚至要断绝亲情；在其显贵时，家人

礼遇有加，嫂子甚至"蛇行匍伏"，妻子不敢直视苏秦。这两段描述前后照应，用词精微，栩栩如生，再与文章结尾苏秦得意忘形的感慨比照，既对当时的世态人情加以讽刺，又突出了策士求索功名的文章主旨。

此外，再探究苏秦前后的政治主张，并非从一而终，而是顺应时势，多次嬗变，反映出当时策士罔顾义理、渴求功利的社会风貌。

本文开扬抑手法写人叙事之先，情节富有张力，人物形象突出，显示了《战国策》行文叙事铺张挥洒，人物言行富有气势的写作特点。

战国时的纵横家

纵横家，据传是鬼谷子创立的学术流派，是战国时期以从事政治外交活动为主的政治流派，《汉书·艺文志》将其列为"九流十家"之一。在春秋战国时期，"纵横家"是指一个独特的谋士群体，他们朝秦暮楚，事无定主，反复无常，多从主观的政治要求出发，谋取利益，按政治主张可以分为合纵派和连横派。其中，合纵派的主要代表是公孙衍和苏秦，连横派的主要代表是张仪。纵横家是春秋战国时期特定的国际形势的产物，其兴也快，其衰也速。在汉代建立了大一统的帝国以后，纵横家就很难再有用武之地了。

靖郭君城薛

[西汉] 刘向

小·档案

出　处：《战国策·齐策一》。

名　句：君不闻海大鱼乎？网不能止，钩不能牵，荡而失水，则蝼蚁得意焉。

靖郭君[1]将城薛[2]，客多以谏。靖郭君谓谒者[3]："无为客通[4]。"齐人有请者曰："臣请三言而已矣！益一言，臣请烹[5]。"靖郭君因见之。客趋而进曰："海大鱼。"因反走。君曰："客有于此[6]。"客曰："鄙臣不敢以死为戏。"君曰："亡，更言之。"对曰："君不闻海大鱼乎？网不能止[7]，钩不能牵[8]，荡[9]而失水，则蝼蚁得意[10]焉。今夫齐，亦军之水也；君长有齐阴[11]，奚以薛为？失齐，虽隆薛之城到于天，犹之无益也。"君曰："善。"乃辍[12]城薛。

【注释】①[靖郭君]即田婴。②[将城薛]将要修筑薛城的城墙。③[谒者]主管传达通报的官吏。④[无为客通]不要给纳谏的人通报。⑤[臣请烹]我情愿接受烹刑。⑥[有于此]留于此，犹言留在这里继续说。⑦[止]捕获。⑧[牵]牵引，犹言钓住。⑨[荡]放。⑩[得意]满意。⑪[阴]同"荫"，庇护，荫庇。⑫[辍]停止。

译文

靖郭君田婴打算在封地薛修筑城防工事，不少门客都前去进言阻止他。田婴对传达人员说："不要为前来劝阻我的门客通报。"有个门客请求面见田婴,说:"请允许我说三个字,要是我多说一个字,就请您烹杀我吧。"田婴于是就见了他。客人小步快走到他面前,说:"海大鱼。"之后转身就跑。田婴问:"先生还有要说的话呢。"客人说:"我可不敢拿生死当儿戏。"田婴说:"没事,先生请说。"客人回答道:"您没听说过海里的大鱼吗?渔网不能捉住它,钓钩也对它无能为力,可一旦离开了水,那么蝼蚁也能任意地摆布它。现在那齐国,也就像您的'水',如果您永远拥有齐国,那么要薛地有什么用呢?而您如果失去了齐国,即便是把薛邑的城墙筑得与天一般高,又有什么作用呢?"田婴说:"说得很好。"于是便不再筑薛城。

欣赏文言之美

这是一篇门客劝谏靖郭君田婴不要过于重视薛地而建筑城池的文章。在文章一开始,田婴对门客的进谏十分抵触,他以闭门谢客的方式表明自己坚决的态度。但是其中一个门客非常智慧,以"海大鱼"三个字吊足了田婴的胃口,却转身要走,最后田婴只好允许他讲清楚缘由。门客这才以鱼离不开水比喻靖郭君离不开齐国的庇护,从而让田婴意识到一旦离开权力重地,筑得再高的城墙也无用的道理。文段语言简洁,说理形象透辟,引人深思。

触龙说赵太后

[西汉] 刘向

小·档案

出　　处：《战国策·赵策四》。
名　　句：父母之爱子，则为之计深远。

赵太后新用事①，秦急攻之。赵氏求救于齐，齐曰："必以长安君②为质③，兵乃出。"太后不肯，大臣强④谏。太后明谓左右："有复言⑤令长安君为质者，老妇必唾其面⑥！"

【注释】①[新用事]刚刚掌权。用事，指管理国事。②[长安君]赵威后的小儿子，封地在赵国的长安，封号为长安君。③[质]人质。古代两国交往，各派世子或宗室子弟留居对方作为保证，称作"质"或"质子"。④[强]极力，竭尽全力。⑤[复言]再说。⑥[唾其面]朝他脸上吐唾沫。唾，吐唾沫。

左师触龙愿见太后。太后盛气而胥之。入而徐趋①，至而自谢②曰："老臣病足③，曾不能疾走，不得见久矣，窃自恕④，恐太后玉体之有所郄(xì)⑤也，故愿望见太后。"太后曰："老妇恃辇而行。"曰："日食饮得无⑥衰乎？"曰："恃粥耳。"曰："老臣今者殊不欲食，乃自强步⑦，日三四里，少益耆食⑧，和于身也。"曰："老妇不能。"太后之色少解⑨。

【注释】①[徐趋]用快走的姿势，慢步向前走。徐，慢慢地。趋，小步快走。②[自谢]主动请罪。谢，道歉。③[病足]脚有毛病。病，有病。④[自恕]原谅自己。恕，宽恕，原谅。⑤[有所郄]有什么毛病。郄，小恙，不舒服。⑥[得无]该不会……吧。⑦[强步]勉强散散步。步，散步，步行。⑧[耆食]喜爱吃的食物。耆，同"嗜"，喜爱。⑨[少解]稍稍和缓了些。

左师公曰:"老臣贱息①舒祺,最少,不肖②,而臣衰,窃爱怜之,愿令得补黑衣③之数,以卫王宫。没死④以闻!"太后曰:"敬诺。年几何矣?"对曰:"十五岁矣。虽少,愿及未填沟壑⑤而托之。"太后曰:"丈夫⑥亦爱怜其少子乎?"对曰:"甚于妇人。"太后笑曰:"妇人异甚⑦!"对曰:"老臣窃以为媪之爱燕后⑧,贤于长安君。"曰:"君过矣,不若长安君之甚。"左师公曰:"父母之爱子,则为之计⑨深远。媪之送燕后也,持其踵⑩为之泣,念悲其远也,亦哀之矣。已行,非弗思也,祭祀必祝之⑪,祝曰:'必勿使反⑫'。岂非计久长有子孙相继为王也哉?"太后曰:"然。"

【注释】①[贱息]一般用于对别人谦称自己的儿子。②[不肖]原意是不像先辈(那样贤明),后来泛指儿子不成材、不成器。肖,像,似。③[黑衣]王宫卫士穿黑衣,因此以"黑衣"代指卫士。④[没死]冒着死罪。⑤[填沟壑]指死后无人埋葬,尸体丢在山沟里。这是对自己死亡的谦虚说法。壑,山沟。⑥[丈夫]古代对成年男子的通称。⑦[异甚]特别厉害。⑧[燕后]赵太后的女儿,嫁给燕王为后。⑨[计]打算,考虑。⑩[踵]脚后跟。⑪[祝之]为她祈祷。⑫[反]同"返"。古代诸侯的女儿嫁到别国,只有在被废或亡国的情况下,才能返回本国。因此赵太后为燕后祈祷:一定别让她回来。

阅读提示

阅读此文时,要注意触龙劝谏赵太后的策略。众臣要求将长安君送到齐国做人质,赵太后态度强硬地拒绝了。而善于察言观色的触龙选择避免直谏,以诚挚的关心和问候进入谈话,缓和了紧张的气氛。接着,触龙以自己的小儿子为话题,与太后拉家常,瞬间拉近彼此的距离。最后,触龙委婉含蓄地道出"父母爱孩子,就要为他考虑长远;要想使长安君永保尊位和富贵,必须让他接受历练,获得成长"的道理。不得不说,触龙的说话艺术真是太高明了。

千古绝唱,万世不息:先秦古文(下卷)

左师公曰："今三世①以前，至于赵之为赵，赵王之子孙侯者，其继有在者乎？"曰："无有。"曰："微独赵，诸侯有在者乎？"曰："老妇不闻也。""此其近者祸及身，远者及其子孙，岂人主之子孙则必不善哉？位尊而无功，奉②厚而无劳，而挟重器多也。今媪尊长安君之位，而封之以膏腴之地，多予之重器，而不及今令有功于国，一旦山陵崩③，长安君何以自托于赵？老臣以媪为长安君计短也。故以为其爱不若燕后。"太后曰："诺。恣④君之所使之。"

【注释】①[三世]三代。②[奉]通"俸"，俸禄。③[山陵崩]古代指君王或王后的死。④[恣]任凭。

于是为长安君约车①百乘（shèng）②，质于齐。齐兵乃出。

【注释】①[约车]备车。②[乘]古代一车四马为"一乘"。

子义①闻之曰："人主之子也，骨肉之亲也，犹不能恃无功之尊，无劳之奉，而守金玉之重也，而况人臣乎？"

【注释】①[子义]赵国贤人。

译文

赵太后刚刚执政，秦国就加紧围攻赵国。赵国向齐国请求帮助，齐国表示："一定要将长安君送来作为人质，齐国才会发兵。"赵太后不同意，大臣们极力劝说。太后明确地对身边的人说："再有说让长安君去做人质的，我一定要吐他一脸唾沫！"

左师触龙希望求见太后，太后气冲冲地等着他。触龙进门以后蹒跚地向前慢走，走到太后跟前谢罪说："老臣腿脚有毛病，不能快步地走，已经很长时间没有见您了。我私下里因为腿脚有病本想算了，但还是担心太后玉体有些不适，所以就希望来见见您。"太后说："我是靠着辇车来行动的。"触龙问道："您每天的饮食量不会减少吧？"太后说："只是吃些粥罢了。"触龙说:"老臣我近来特别不想吃东西,就勉强着去散散步,每天走上三四里,就能多吃点东西,身体也感觉好一点儿了。"太后说:"我可做不到这些。"太后的脸色稍微缓和了一点。

　　左师触龙说:"老臣的儿子名叫舒祺,年龄最小,不成器;但是老臣年龄大了,私下里疼爱他,希望能让他当一名侍卫,来保卫王宫,所以冒着死罪前来禀告太后。"太后回答说:"好。他今年多大了?"回答说:"十五岁了。虽然年纪还小,但我希望趁自己还没有死之前将他托付给您。"太后回答说:"男人也疼爱他的小儿子吗?"回答说:"比妇人更疼爱。"太后笑着说:"妇人对小儿子疼爱得更厉害。"触龙回答说:"老臣私下以为您爱燕后要胜过长安君。"太后说:"您错了!我对燕后的爱不如对长安君的。"左师公说:"父母爱孩子,都会为他们做长远考虑。您当初送燕后出嫁的时候,抱着她的脚后跟为她哭泣,为她嫁到远方而伤心,也真够心疼她的。燕后离开以后,您并非不思念她,但是每次祭祀时一定要为她祝祷、祈福,说:'一定不要让她回来。'这难道不是为她做长远打算、希望她的子孙世代做燕王吗?"太后回答说:"对。"

　　左师公说:"从距今三代算起,甚至推算到赵国开始建国的时候,赵王的子孙封侯的,他们的后代到现在还有能保住爵位的吗?"太后说:"没有。"左师公说:"不单是赵国,其他诸侯的子孙封侯的,他们的后代有至今还保住爵位的吗?"太后说:"我没有听说过。"左师公说:"这是因为那些封侯者近的灾祸落到自己身上,远的灾祸落到他们的子孙身上,难道国君的子孙就一定不好吗?他们地位尊崇却没有建立功勋,俸禄丰厚却没有功绩,

而且占有的权位和财宝太多，所以他们才保不住爵位。如今您给予长安君尊贵的地位，并且将肥沃的土地封给他，还给了他很多的财宝，却不让他趁此机会为国立功，有朝一日太后不在了，长安君凭借什么在赵国立足存身呢？因此，老臣觉得您为长安君考虑得太短浅了，所以觉得您对他的宠爱比不上对燕后的。"太后回答说："好，听凭您怎么安排他吧。"

于是，触龙就为长安君准备了一百辆车，送他到齐国做人质，齐国这才出兵。

子义听说了这件事，说："国君的儿子是国君的亲骨肉，尚且不能依仗没有功勋的尊位、没有功绩的丰厚俸禄来保有他们金玉般的地位，何况是做臣子的呢！"

欣赏文言之美

这是一篇劝谏之文，但是与以往的谏文都不太相同。文中的劝谏者左师公触龙以唠家常的方式对怒气冲冲、态度强硬的赵太后进行劝说，最终不仅使太后平息了怒气，而且让她心甘情愿地以大局为重。尤其是文中触龙所说的"父母爱子女，就要为他们考虑长远"一句，更是被广为流传，成了许多为人父母者教育子女所信奉的金玉之言。

《礼记》：儒家礼学思想汇编集

《礼记》是一部中国古代典章制度集，主要记载先秦礼制，表现儒家哲学、教育、政治、美学思想。其行文章法严谨，文辞婉转，语言精妙而位居"三礼"之首，是一部重要的儒家礼学思想汇编典籍。《礼记》由西汉戴圣编撰。戴圣（生卒年不详），字次君，祖籍梁国甾县（今河南商丘民权县），西汉学者、礼学家。

曾子易箦

[西汉] 戴圣

小档案

出　　处：《礼记·檀弓上》。

名　　句：君子之爱人也以德，细人之爱人也以姑息。

曾子①寝疾②，病③。乐正子春④坐于床下，曾元、曾申⑤坐于足，童子隅⑥坐而执烛。童子曰："华而睆⑦，大夫之箦⑧与？"子春曰："止！"曾子闻之，瞿然⑨曰："呼！"曰："华而睆（huàn），大夫之箦与？"曾子曰："然。斯季孙⑩之赐也，我未之能易也。元，起易箦！"曾元曰："夫子之病革⑪矣，不可以变⑫息。幸而至于旦，请敬易之。"曾子曰："尔之爱我也不如彼。君子之爱人也以德，细人之爱人也以姑息⑬。吾何求哉？吾得正而毙⑭焉，斯已矣。"举扶而易之。反席未安而没⑮。

【注释】①[曾子]即曾参，孔子的弟子。②[寝疾]病倒。疾，小病。③[病]病重。④[乐正子春]曾参的弟子。⑤[曾元、曾申]都是曾子的儿子。⑥[隅]在角落。

119

⑦[华而睆]华美,光滑。⑧[箦]席子。⑨[瞿然]惊叹的样子。⑩[季孙]鲁国大夫,曾子受其赐箦,非礼也。⑪[革]通"亟",指病重。⑫[变]这里指移动的意思。⑬[姑息]无原则地宽容。⑭[正而毙]谓合于正礼而殁。⑮[没]同"殁",死。

译文

曾子躺在床上,病得很严重。曾子的弟子子春坐在床边,曾元、曾申坐在床脚下,童仆坐在角落里手持蜡烛。童仆说:"华美而光洁,那是大夫才可以享用到的竹席啊!"子春说:"闭嘴!"曾子听见这话,惊恐地说:"啊!"童仆又说:"华美而光洁,那是大夫才可以享用到的竹席啊!"曾子说:"你说得对。那是季孙送的,我本来没有。曾元,把我扶起来换竹席。"曾元说:"您的病十分严重啊,千万不要起来行动。待您安然等到明天早晨,我必定遵照您的意思换了它。"曾子说:"你对我的敬爱不如他(童仆)。君子爱人总是遵循着道德标准,小人爱人却是无原则地迁就。我还苛求什么呢?我能获得正道而死去,也就知足了。"曾元扶着他起来更换竹席,换好席子还没躺好,曾子就去世了。

欣赏文言之美

本篇内容讲述了曾子临死之前执意更换床席的故事,为我们揭示了君子为人处世的道理,即做人必须坚守自己的原则。文中的曾子是孔子的一位学生,在儒家各位代表人物中是具有很高声望的,但是即便已经快要死去了,曾子还是坚持自己使用的席子要符合自己的身份。这可能就是他被后人推崇和敬仰的原因吧。

儒有不宝金玉

[西汉] 戴圣

小档案

出　处：《礼记·儒行》。

名　句：儒有不宝金玉，而忠信以为宝。

儒①有不宝②金玉，而忠信以为宝；不祈③土地，立义④以为土地；不祈多积，多文以为富；难得⑤而易禄也，易禄⑥而难畜也。

【注释】①[儒]儒家学者。②[宝]以……为宝。③[祈]祈求，渴望得到。④[立义]树立德义。⑤[难得]指儒者非政治清明则不仕。⑥[易禄]轻视高官厚禄。

译文

儒士不会把金玉当作宝贝，而是将忠信视作宝贝；不祈望得到土地，而是将树立德义视为安身立命的土地根基；不祈望聚积财富，而把博学多闻作为财富。儒者很难得到，因为他们轻视高官厚禄；他们轻视高官厚禄，也就难以留住。

欣赏文言之美

本文通过孔子与鲁哀公的对话，描绘了一个真正的儒士应该是什么样子的。实际上，在我国古代文人学士中，儒者风范是备受推崇的一种人格倾向。通过选段可以看出，所谓儒，其实就是重视诚信，温文儒雅，品质高尚。

故事二则

[西汉] 戴圣

小·档案

出　　处：《礼记·檀弓下》。
名　　句：苛政猛于虎也。
予唯不食嗟来之食，以至于斯也！

孔子过泰山侧，有妇人哭于墓者而哀。夫子式①而听之，使子贡②问之曰："子之哭也，一③似重有忧者。"而曰："然④。昔者吾舅⑤死于虎，吾夫又死焉，今吾子又死焉⑥。"夫子曰："何为不去也？"曰："无苛政⑦。"夫子曰："小子⑧识⑨之：苛政猛于虎也！"

【注释】①［式］同"轼"，车前的扶手板。这里指扶着车前的扶手板。②［子贡］孔子的得意弟子。③［一］真是，实在。④［然］是这样的。⑤［舅］指公公。古代称公婆为舅姑。⑥［焉］于此，在此。⑦［苛政］繁重的徭役赋税。⑧［小子］古时长辈对晚辈，或老师对学生的称呼。⑨［识］同"志"，记住。

……

齐大饥，黔敖①为食于路，以待饿者而食（sì）②之。有饿者蒙袂③辑屦④，贸贸然⑤来。黔敖左奉⑥食，右执⑦饮，曰："嗟⑧！来食。"扬其目而视之，曰："予唯不食嗟来之食，以至于斯⑨也。"从而谢⑩焉。终不食而死。

【注释】①［黔敖］春秋时期齐国的贵族。②［食］给……吃。③［蒙袂］用衣袖遮着脸。袂，衣袖。④［辑屦］拖着鞋子走路。形容身体沉重迈不开步子的样子。⑤［贸贸然］因眼睛看不清路而莽撞前行的样子。⑥［奉］同"捧"，端着。⑦［执］拿。⑧［嗟］带有轻蔑意味的呼唤声。⑨［斯］这地步。⑩［谢］道歉。

译文

孔子从泰山脚下经过，有个妇人在坟墓旁哭得十分伤心。孔子手扶车前的扶手板听着，派子贡去询问她说："你哭得这么伤心，应该不止一次遭受不幸了吧？"她回答说："是啊！以前我公公被老虎咬死了，我丈夫也被老虎咬死，现在我儿子又被虎咬死了。"孔子说："为何不离开此地呢？"她回答说："（因为）此地不存在残暴的政令。"孔子说："子贡你要记住啊：残暴的政令比老虎还要可怕！"

……

齐国爆发了很严重的饥荒。黔敖在路边准备好饭食，等待路过的饥民来吃。有个饥饿的人用衣袖蒙着脸，拖拉着鞋，两眼昏沉跌跌撞撞地走来。黔敖左手端着食物，右手端着汤，说道："喂！来吃！"那个饥民仰起头瞪着眼睛看着他，说："我正因为不吃别人吆喝着施舍的食物，才饿到这个地步！"黔敖追过去向他道歉，但他最终因为不吃黔敖的食物而饿死了。

欣赏文言之美

故事一将"苛政"与"猛虎"进行对比，十分形象地揭示了封建统治者的残暴本性。祖孙三代全都被猛虎咬死，这样的结局令人感到心痛。但更可悲的是，人们宁愿被猛虎吃掉也不愿去那充满暴政的地方。那妇人的恸哭，那一条条逝去的生命，是对昏庸残暴的封建统治者的血泪控诉。

故事二讲述了齐国一个因饥荒快要饿死的人，为了表明自己做人的原则，坚决拒绝黔敖带有侮辱性施舍的故事。黔敖虽然出于好心在路边为饥饿之人施舍食物，但他轻视穷人，大声吆喝，没有一点尊重之意。在生命和骨气不能两全的情况下，那个穷人宁可舍弃生命。

晋献文子成室

[西汉] 戴圣

小·档案

出　　处：《礼记·檀弓下》。
名　　句：美哉轮焉，美哉奂焉。

晋献文子①成室，晋大夫发焉。张老②曰："美哉轮焉，美哉奂焉！歌于斯，哭于斯，聚国族③于斯。"

【注释】①[献文子]指晋国大夫赵武，谥号献文子，又谥文子。②[张老]晋国大夫名。张氏是姬姓的一个分支。③[聚国族]指宴饮。国族，晋国的贵族。

文子曰："武也，得歌于斯，哭于斯，聚国族于斯，是全要领①以从先大夫②于九京③也。"北面再拜稽首。君子谓之善颂、善祷。

【注释】①[全要领]免受刑罚的意思。要领，身体。要，同"腰"。领，头颈。②[先大夫]指文子死去的父、祖。③[九京]九原，在今山西省新绛县北，是晋国卿大夫的墓地。

译文

晋国人祝贺赵武的新居落成，晋国的大夫前往送礼祝贺。张老说："美啊，这么高大！美啊，这么金碧辉煌！可以在这儿祭祀，在这儿办丧礼，还可以在这儿宴饮宾客、聚会宗族。"

赵武说："我赵武能够在这儿祭祀，在这儿办丧礼，在这儿宴饮宾客、聚会宗族，是希望能保全性命，来追随亡祖、亡父于九原啊！"说完，赵武面朝北方恭敬地跪拜了两次。君子说他们一个善于赞扬，一个善于祈祷。

欣赏文言之美

本文讲述晋献文子赵武终于受封大夫，能够建造新宅、光耀家门，众人借其乔迁新居的时机纷纷来贺喜一事。这便是本文篇名"晋献文子成室"的起由。

全文可以分为三个层次。

第一层，开头一句写明事由，交代时间、地点与人物背景：晋献文子赵武建造新宅，晋国大夫们纷纷送礼庆贺。开篇一句即说明了文章主角赵武的地位与权势。

第二层，是客人张老的贺词与主人赵武的回应。首先看张老别出心裁的贺词。先是赞颂新屋"美轮美奂"，这符合人之常情，也具有喜庆色彩。而后文一反常态，急转直下，突然在乔迁大吉的喜庆之日说起"哭于斯"等殡葬哭泣的不祥之事，显得惊世骇俗。张老的后半段贺词看起来超出常理，实际上每一句都是在提点赵武牢记曾经的血泪家史：赵武祖上赵衰、赵盾，都曾是晋国重臣，却遭人构陷，惨遭灭族之祸。只有赵盾之子赵朔的夫人躲进宫中，侥幸生下"赵氏孤儿"赵武，而赵武隐忍多年，终于报仇复位，受封重臣。本文所述赵武迁新居一事，应当发生在他大仇得报后不久。所以，张老此处的祝词，用心良苦，实乃真心祝愿，也是对赵武过往血泪的提醒与规劝。因此，在文章后续部分，主人赵武将居丧哭泣的祝词转到对赵家祖辈不幸命运的哀悼，对家族平安、自身能够善终的祝愿，又向北面行叩拜的重礼，显得庄重老到，姿态十足。

第三层即段尾，写当时的人评价这两人，客人善于赞颂，主人善于祈祷。事实正是如此，两人言论都紧密结合赵氏家史，显得超出常理又合乎情理。

本文在简要的叙述中突出了两个人物——用心良苦、心思委婉的张老和复仇后从容不迫、不忘居安思危的赵武，通篇以言叙人，入木三分。

大学之道（节选）

[西汉] 戴圣

小档案

出　处：《礼记·大学》。
名　句：大学之道，在明明德，在亲民，在止
　　　　于至善。
　　　　苟日新，日日新，又日新。

　　大学①之道，在明明德②，在亲民③，在止于至善④。知止而后有定⑤，定而后能静⑥，静而后能安⑦，安而后能虑⑧，虑而后能得⑨。物有本末，事有终始，知所先后，则近道矣。

【注释】①[大学]指相对于小学而言的"大人之学"。古人八岁入小学，十五岁入大学。②[明明德]彰明美德。前一个"明"是动词，彰明。明德，美好的德行。③[亲民]亲近爱抚民众。④[止于至善]达到道德修养的最高境界。⑤[知止而后有定]知道要达到的"至善"境界，则志向坚定不移。⑥[静]心不妄动。⑦[安]性情安和。⑧[虑]思虑精详。⑨[得]处事合宜。

　　古之欲明明德于天下者，先治其国。欲治其国者，先齐其家①。欲齐其家者，先修其身。欲修其身者，先正其心。欲正其心者，先诚其意。欲诚其意者，先致其知②。致知在格物③。物格而后知至④，知至而后意诚，意诚而后心正，心正而后身修，身修而后家齐，家齐而后国治，国治而后天下平。自天子以至于庶人，壹是⑤皆以修身为本。

【注释】①[齐其家]使家族中的一切关系和睦有序。②[致其知]获得知识。一说把自己对事物的认知推到极致。③[格物]推究事物的原理。④[知至]对外物之理认识充分。⑤[壹是]一概，一律。

……

汤①之《盘铭②》曰："苟日新，日日新，又日新。"

【注释】①[汤]指商汤，商朝的开创者。②[盘铭]刻写在浴盆上的铭文。

译文

大学的宗旨在于弘扬光明正大的品德，在于推己及人，帮助教育他人，使人通过道德修养最终达到品性完善的境界。知道应达到的境界才可以做到意志坚定；意志坚定才可以平静不躁；平静不躁才能够内心安定；内心安定才能够思虑周全；思虑周全才能够有所收获。每一样东西都有其根本始末，每件事情都有开始结束。知道了这本末始终什么在先、什么在后的道理，就基本领悟事物发展的规律了。

古时候，那些要把光明正大之品德弘扬天下的人，首先要能治理好自己的国家；要想治理好自己的国家，就要先管理好自己的家；要想管理好自己的家，先要修养自身的品性；要想修养自身的品性，先要端正自己的思想；要端正自己的思想，先要使自己的意念真诚；要想使自己的意念真诚，先要使自己获得知识，获得知识的途径在于认识研究万事万物。通过对万事万物的认识研究，才能获得知识；获得知识后，意念才能真诚；意念真诚后，心思才能端正；心思端正后，才能修养品性；品性修养后，才

127

能管理好家；家管理好了，才能治理好国家；治理好国家后天下才能太平。从天子到平民百姓，都应当以修身为自己的本分。

……

商代汤王刻在浴盆上的箴言说："假如能在一天中除旧更新，就要保持每天除旧更新，新了还要继续更新。"

欣赏文言之美

本篇第一、二段是儒学经典《大学》开篇文字，确定了儒学的"三纲八目"中"三纲"的追求。所谓"三纲"，就是指首句提出的明明德、亲民、止于至善。这不仅是《大学》的纲领旨趣，还是儒学"垂世立教"的目标所在。"三纲"之间的关系并不是并列的，而是逐层递进的。接下来，文中用一连串的逻辑推理，论述了"知止"，阐述了道德修养的最终目标是"止于至善"。

第三段内容原本是刻写在浴盆上的文字，其说的是洗澡的问题——如果今天把全身的污垢洗干净了，那么以后要天天都将污垢洗干净，这样一天天下去，每天都要坚持。而从精神和品德的修炼这一角度来看的话，本段内容所展现的是一种革新的姿态，汤王将这句话刻写在自己的浴盆上，目的正是督促自己保持弃旧迎新的理念。

《礼记·学记》（节选）

[西汉]戴圣

小档案

出　　处：《礼记·学记》。
名　　句：学然后知不足，教然后知困。
　　　　　独学而无友，则孤陋而寡闻。

虽^①有嘉肴^②，弗食，不知其旨^③也；虽有至道^④，弗学，不知其善也。是故^⑤学然后知不足，教然后知困^⑥。知不足，然后能自反^⑦也；知困，然后能自强^⑧也。故曰：教学相长^⑨也。《兑（yuè）命》曰"学（xiào）学半^⑩"，其此之谓乎！

【注释】①[虽]虽然。②[嘉肴]美味的菜。③[旨]味美。④[至道]最好的道理。⑤[是故]所以。⑥[困]困惑。⑦[自反]反省自己。⑧[自强]自我勉励。强，勉励。⑨[教学相长]意思是教和学互相促进。⑩[学学半]教人是学习的一半。前一个"学"同"敩（xiào）"，意为教导。

……

大学之法，禁于未发之谓豫^①，当其可之谓时^②，不陵节^③而施之谓孙^④，相观而善之谓摩^⑤。此四者，教之所由兴也。

【注释】①[豫]预先防患。②[时]及时，适时。③[陵节]越过等级。④[孙]通"逊"，符合程序，循序渐进。⑤[摩]揣摩，琢磨，取人之长。

千古绝唱，万世不息：先秦古文（下卷）

发然后禁，则扞格①而不胜②；时过然后学，则勤苦而难成；杂施而不孙，则坏乱而不修③；独学而无友，则孤陋而寡闻；燕④朋逆其师；燕辟⑤废⑥其学。此六者，教之所由废也。

【注释】①[扞格]抵触。②[胜]克服。③[修]整治。④[燕]玩，戏。⑤[燕辟]与坏朋友谈论邪僻的事情。辟，邪僻。⑥[废]失败。

君子既知教之所由兴，又知教之所由废，然后可以为人师也。

……

学者有四失，教者必知之。人之学也，或失则多，或失则寡，或失则易，或失则止。此四者，心之莫同也。知其心，然后能救其失也。教也者，长善而救其失者也。

译文

虽然有美味可口的菜肴，但要是不尝一尝，就无法知道它的滋味；虽然有最好的道理，但要是不去学习，也就不清楚它的好处。因此学习以后才能清楚自己的不足之处是什么，教导人以后才知道自己对于哪里困惑不通。知道了自己的不足之处，才能够反省自身；知道自己对于哪里困惑，这样才能进行自我勉励。因此说：教与学是互相促进的。《兑命》中说"教人是学习的一半"，说的大概就是这个道理吧！

……

大学教人的方法是，在欲望尚未出现之前就进行禁止，这叫作预防；恰逢可以教育的时机就进行教育，这叫作适时；不超过所学之人的接受能力进行教学，叫作合序；相互观摩学习而获得益处，这叫作切磋。这四点就是教育得以兴盛的方法。

事情发生以后才去禁止，便会遭到抵触而不易克服；错过时机了才去学习，那么即便勤奋刻苦也很难有成就；如果教学杂乱无章而不能循序渐进，那就会陷入混乱的境地使学生学习没有成效；单独学习而不与朋友互相交流，那就会变得浅陋无知；交品德不好的朋友就会背离师长的教导；轻慢邪僻的言行会使一个人的学业荒废。这六点，是教育失败的原因。

君子已经懂得教学成功的经验，又知道教学失败的原因，这之后就可以当好教师了。

……

学生经常会有四种错误，老师必须清楚。在求学问道的过程中，有些人因贪多求全而犯错，有些人因孤陋寡闻而犯错，有些人因疏忽大意而犯错，有些人因故步自封而犯错。在这四种情况下，每个人的心境是不一样的。教师要了解学生的心思，这样以后才能帮助他走出误区。所谓教育，就是一个培养并发扬学生的优势而帮助他们走出误区、避免犯错的过程。

欣赏文言之美

第一段向我们讲述了一个道理，即"教学相长"。为了说理清晰，作者运用了类比的手法，告诉我们学习的重要性以及教学相长的道理。语言简明，说理形象，发人深省。第二段论述了使教育兴盛的四种方法，即预防、适时、合序、切磋。第三段话论述了教育失败的六个原因。其一是错误出现以后才去制止；其二是错过了最佳时机才去学习；其三是教学不循序渐进；其四是单独学习而不与别人切磋交流；其五是与品德不好的人相交；其六是言行轻慢邪僻。上述观点不可谓不深刻。第四段是总结，说明教师掌握教学成功的经验，同时知道教学失败的原因，是当好一个老师的关键因素。第五段主要阐释教育"长善救失"的功能性，要求老师必须了解学生的优势和劣势，并在实际的教授过程中，发扬他们的优势，帮助他们弥补不足，引导他们走出误区，这一点与"因材施教"的教育理念有异曲同工之妙。

大道之行也

[西汉] 戴圣

小·档案

出　处：《礼记·礼运》。

名　句：大道之行也，天下为公。
　　　　选贤与能，讲信修睦。

大道①之行②也，天下为公。选贤与（jǔ）③能，讲信修睦。故人不独亲其亲，不独子其子，使老有所终，壮有所用，幼有所长，矜（guān）④、寡、孤⑤、独⑥、废疾者皆有所养，男有分⑦，女有归⑧。货恶其弃于地也，不必藏于己；力恶其不出于身也，不必为己。是故谋闭而不兴⑨，盗窃乱贼而不作，故外户而不闭⑩。是谓大同⑪。

【注释】①［大道］古代指政治上的最高理想。②［行］施行。③［与］通"举"，选举，推举。④［矜］通"鳏（guān）"，老而无妻的人。⑤［孤］幼而无父的人。⑥［独］老而无子的人。⑦［分］职分，也即职业、职守。⑧［归］指女子出嫁。⑨［谋闭而不兴］奸邪之谋不会发生。闭，杜绝。兴，发生。⑩［外户而不闭］外门不用闭锁。⑪［大同］指儒家的理想社会或人类社会的最高准则。同，有和、平的意思。

译文

在大道施行的时候，天下为大家所共有，选拔品德高尚、才能出众的人，讲求诚信，培养和睦的氛围。因此，人不是仅仅亲近自己的父母，不是仅仅疼爱自己的子女，要使老年人可以安享天年，壮年人能为社会效力，幼童可以顺利地长大，使老而无妻的人、老而无夫的人、幼而无父的人、

老而无子的人、残疾人都可以得到供养。男子有职务，女子有归宿。抵制将财物弃置于地的浪费行为，并非为了将财物占为己有。人们都愿意为公众之事出力，却不一定是为了谋取私利。因此奸邪之谋不会出现，盗窃、造反之类的事情不会发生，所以外门不用关闭。这就是所谓的理想社会。

欣赏文言之美

"大同"社会是儒家思想中所描绘的理想社会。本文首先描绘了儒家大同社会的基本特征，接着又指出了"大同"社会的美好前景。同时，文中还暗含着对比，即将现实社会中诸如盗窃财物、阴谋作乱等混乱的现象与大同社会中人们安居乐业、夜不闭户的安定局面进行对比，表达了古代人民对美好社会的憧憬和期望。

中者也，天下之大本也

[西汉] 戴圣

小档案

出　处：《礼记·中庸》。
名　句：中也者，天下之大本也。
　　　　博学之，审问之，慎思之，明辨之，
　　　　笃行之。

喜怒哀乐之未发谓之中①，发而皆中节谓之和②。中也者，天下之大本也；和也者，天下之达道也。致中和，天地位焉，万物育焉。

【注释】①[中]本身并非喜怒哀乐，而是指对喜怒哀乐的持中状态。②[和]平时能持中，一旦表现出来，就能中节，这就叫和。

……

博学之，审问之，慎思之，明辨之，笃行之。有弗①学，学之弗能，弗措②也；有弗问，问之弗知，弗措也；有弗思，思之弗得，弗措也；有弗辨，辨之弗明，弗措也；有弗行，行之弗笃③，弗措也。人一能之，己百之；人十能之，己千之。果能此道矣，虽愚必明，虽柔必强。

【注释】①[弗]不。②[措]弃置，这里指放弃。③[笃]忠实；一心一意。

译文

喜怒哀乐的情绪没有表现出来，可以称作"中"；喜怒哀乐的情绪表现出来了，但可以适度且有节制，可以称作"和"。中，是天下最为根本的；和，是天下最高妙的道理。达到了中和的状态，天地便会各安其分，万物就会和谐地生长发育了。

……

广泛地涉猎各种知识，要对学问详细地探问请教，彻底搞懂，要谨慎地思考，要仔细地辨别，要切实地践行。要么不去学习，学了没有学会就绝不罢休；要么不问，问了没有明白绝不罢休；要么不想，想了没有想明白绝不罢休；要么不分辨，分辨了没有明晰绝不罢休；要么不实行，实行了没有效果绝不罢休。别人一次可以做好的事情，自己只要肯做，做上一百次也可以做到；别人十次可以做好的事情，自己只要肯做，做上千次一定也可以做好。如果真能做到这样，即使是愚笨的人也能变聪明，即使是柔弱的人也能变得刚强。

欣赏文言之美

古人认为，"圣人不动情"，也就是说至圣之人的内心不会产生喜怒哀乐的情绪，他们心中一直保持着一种平静安宁的状态，这就是文段中所说的"中"的状态。当动情的时候，圣人也一直会以平静安宁的内心来控制情绪，不使情绪牵制和扰乱自己，这就是第一部分内容所谓的君子修行的目标和标准。

第二部分讲的是做学问的几个递进阶段。第一阶段是"博学之"，是指学习必须先广泛地涉猎各种知识；第二阶段是"审问"，是指有不懂的问题就要追根究底，要对所学加以怀疑；第三阶段是"慎思"，是指要谨慎仔细地考察、分析，否则学到的东西便不能为己所用；第四阶段是"明辨"，是指做学问要多去分辨，要不然学习的知识就会鱼龙混杂，不辨真伪；最后一个阶段是"笃行"，是指学习了知识以后必须努力践履，知行合一。

语文教材古文篇目索引

语文教材古文篇目	作者（出处）	所属年级	本书页码
失信不立	《左传》	二年级下册	30
见善则迁，有过则改	《周易》	三年级下册	4
人谁无过？过而能改，善莫大焉	《左传》	三年级下册	44
好问则裕，自用则小	《尚书》	四年级上册	18
博学之，审问之，慎思之，明辨之，笃行之	《礼记》	四年级上册	134
天行健，君子以自强不息	《周易》	四年级下册	6
多行不义必自毙	《左传》	五年级下册	35
伯牙鼓琴	《吕氏春秋》	六年级上册	70
穷则变，变则通，通则久	《周易》	六年级下册	5
苟日新，日日新，又日新	《礼记》	六年级下册	126
穿井得一人	《吕氏春秋》	七年级上册	72
儒有不宝金玉，而忠信以为宝	《礼记》	八年级上册	121
虽有嘉肴	《礼记》	八年级下册	129
大道之行也	《礼记》	八年级下册	132
苛政猛于虎也	《礼记》	八年级下册	122
不食嗟来之食	《礼记》	八年级下册	122
和与同异乎	《左传》	八年级下册	46
尧典（节选）	《尚书》	八年级下册	20
中者也，天下之大本也	《礼记》	八年级下册	134
唐雎不辱使命	《战国策》	九年级下册	84
曹刿论战	《左传》	九年级下册	32
邹忌讽齐王纳谏	《战国策》	九年级下册	80
烛之武退秦师	《左传》	高中必修下册	48
谏逐客书	李斯	高中必修下册	74
大学之道	《礼记》	高中选择性必修上册	126